챗GPT, 주일학교는
어떻게 사용할까?

챗GPT, 주일학교는 어떻게 사용할까?
ⓒ 생명의말씀사 2023

2023년 8월 28일 1판 1쇄 발행

펴낸이 ㅣ 김창영
펴낸곳 ㅣ 생명의말씀사

등록 ㅣ 1962. 1. 10. No.300-1962-1
주소 ㅣ 서울시 종로구 경희궁1길 6 (03176)
전화 ㅣ 02)738-6555(본사)·02)3159-7979(영업)
팩스 ㅣ 02)739-3824(본사)·080-022-8585(영업)

지은이 ㅣ 서경원

기획편집 ㅣ 서정희, 김자윤
디자인 ㅣ 김혜진
인쇄 ㅣ 영진문원
제본 ㅣ 다온바인텍

ISBN 978-89-04-16835-4 (03230)

저작권자의 허락 없이 이 책의 일부 또는 전체를
무단 복제, 전재, 발췌하면 저작권법에 의해 처벌을 받습니다.

챗GPT로
주일학교
보조교사 만들기

저자 **서경원**
감수 **최윤식**

교사용

챗GPT
주일학교는
어떻게 사용할까?

생명의말씀사

추천사

최윤식 | 미래학자, 아시아미래인재연구소 소장

이 책은 시간과 재정적 제약으로 사역에 어려움을 겪고 있는 모든 교회 목사와 교사들에게 희망이 될 만한, 놀라운 기술을 쉽게 가르쳐 주는 탁월한 안내서입니다. 이 책을 읽는 동안 독자는 목회와 교회 교육의 영역에서 혁명적인 변화를 이끌어 내는 동시에, 기술을 통해 전도와 선교의 경계를 넓혀 나가는 방법을 배우게 될 것입니다. 우리는 기술의 힘을 이용해 복잡한 문제들을 효과적으로 해결하고, 더 많은 사람에게 효율적으로 다가갈 방법을 배워야 하는 거스를 수 없는 기술의 시대에 서 있습니다. 이 책은 그런 필요성에 대한 답을 제공하며, 한국교회의 사역을 한 단계 더 나아가게 할 수 있는 가치를 지니고 있습니다.

이 책은 단순히 기술의 수준을 소개하는 것을 넘어서 인공지능이 어떻게 교회의 설교, 교육, 행정, 심방 및 상담 등의 주요한 요소들을 재정의할 수 있는지에 대한 혁신적인 시각을 제공합니다. 이 책이 있으면 사역의 가능성은 무한해집니다. 더 이상 주저하지 마십시오. 이 책이 여러분의 목회와 교육에 새로운 차원의 변화를 가져올 것입니다.

김광근 | 미션어웨이크 대표

챗GPT는 단순히 기계적으로 생성된 코드나 프로그래밍의 결과물이 아닌, 창의적인 자극을 이해하고 진정한 예술적 가치를 부여하는 혁신적인 언어 모델입니다. 『챗GPT, 주일학교는 어떻게 사용할까?』는 이 기술의 발전을 기독교적 시각에서 바라보고, 어떻게 이를 통해 생각을 깊게 하고 미래를 준비할 수 있는지에 대한 지혜를 제공합니다.

챗GPT는 우리와 자연스러운 대화를 이어나갈 수 있는 고도로 진보된 기술입니다. 그러나 이 같은 기술의 발전에는 도덕적인 측면에서의 심도있는 고찰이 필요합니다. 이 책은 새롭게 등장한 챗GPT라는 기술을 사용하고 이해하는 방법에 대해, 기독교 윤리와 가치를 기반으로 깊이 있게 탐구합니다. 인공지능이 일상과 소통에 미치는 영향을 고민하면서, 기독교의 신앙과 가치가 어떻게 영감을 주고 가이드라인을 제공할 수 있는지에 대해 집중적으로 고민합니다. 또한 인간과의 관계에서 어떤 역할을 수행할 수 있는지, 새로운 기술과 공존하면서도 우리의 정신적인 풍요로움과 삶의 목적을 어떻게 유지할 수 있는지에 대한 근본적인 문제를 탐구합니다.

저자는 기술과 믿음 사이의 균형을 세심하게 조정하고, 독자들은 그러한 노력에서 깊은 지혜를 얻게 될 것입니다. 이 책을 통해, 신앙과 과학이 공존하고 서로를 보완할 수 있는 방법을 탐색하게 되길 바랍니다.

박성균 | 광신대학교 초빙교수

챗GPT는 인공지능의 첨단 기술을 활용하여 우리 사회와 교회 공동체에 혁신적인 변화의 바람을 몰고 왔습니다. 이 변화의 중심에는 교사들이 기독교 교육 및 주일학교를 보다 효과적으로 운영하도록 도와준 챗GPT의 놀라운 능력이 있습니다. 이 책, 『챗GPT, 주일학교는 어떻게 사용할까?』는 이 혁신의 중심으로 직접 들어가는 안내서로써, 미래의 교회 공동체 발전을 이끌 중요한 도구인 챗GPT를 최대한 활용하는 방법을 제시합니다.

교육과 기술이 만날 때 항상 새로운 가능성이 탄생합니다. 그리고 지금, 그 가능성을 끌어내는 도구는 바로 챗GPT입니다. 이 책을 통해 챗GPT에 의한 교육 혁신과 기회를 모색하고, 이를 적극적으로 활용하는 방법을 알아보시기를 권장합니다. 이러한 기회를 즐기고, 변화를 적극적으로 받아들이는 것이 교회 공동체의 성장과 미래를 위한 중요한 걸음이 될 것입니다.

유지혜 | 한성교회 전도사, 차세대 팀장

새로운 시대는 간혹 혼란으로 다가오기도 하지만, 올바르게 바라볼 방법을 고민하고 그 안에서 주님과 함께한다면 우리는 변화하는 시대에 적응함과 동시에 믿음을 지킬 기회를 얻을 수 있습니다.

그런 의미에서, 이 책은 포도주를 담기 위해 좋은 부대가 필요한 것처럼, 말씀을 담는 새 부대(負袋)로써 챗GPT의 역할을 고민하고 있습니다. 이 책을 통해 챗GPT와 함께 변화하는 세상을 잘 살피고 고민한다면, 현대의 아이들에게 소중한 말씀을 전달하는 부대를 발견하게 될 것입니다. 그래서 변화하는 세상을 마주하는 아이들에게 변하지 않는 진리를 어떻게 전할 수 있을지 늘 고민하는 모든 세대들이, 그 고민을 가지고 이 책을 읽어보기를 추천합니다.

이재천 | 아름드리교회 담임목사, NOVO KOREA 대표

코로나19로 변화된 목회 환경에 적응하는 것은 결코 쉽지 않았습니다. 제한된 자원과 나이 든 두뇌로는 고비를 넘기가 어려웠습니다. 마치 거인 골리앗 앞에 선 작은 다윗처럼 말이죠. 그런 시점에서 만난 서경원 목사의 챗GPT 강좌는 마치 다윗의 물맷돌처럼 저의 무기가 되었습니다.

그로 인해 문제를 해결하는 한 방을 얻었습니다. 세상을 바라보는 새로운 시각과 끊임없이 변화하는 지식에 대한 이해를 가질 수 있게 되었습니다. 그리고 저는 이 새로운 시각으로 새로운 사역의 가능성을 열게 되었습니다. 이 책을 통해 받은 깨달음은 우리의 생각과 사고의 한계를 넘어서는 놀라운 가치가 있습니다.

정석원 | 예수향남교회 협동목사, 『청소년 교사를 부탁해』 저자

"피할 수 없으면 즐겨라"라는 말이 있습니다. 어떤 일이라도 관점에 따라 달라질 수 있음을 의미하는 말이기도 합니다. 앞으로의 시대적인 흐름은 A.I(인공지능)를 빼고서는 논할 수 없을 것입니다. 그 선봉에 챗GPT가 있습니다. 누군가에겐 생소한 용어이지만, 미래세대에게는 떼려야 뗄 수 없는 문화로 자리 잡을 것입니다.

그런 의미에서 이 책은 챗GPT를 즐기고, 활용할 수 있도록 돕는 책입니다. 주일학교 현장에서 챗GPT가 얼마나 많은 가능성을 지니고 있는지, 실제적인 적용 방법이 무엇인지를 자세히 알려주기 때문입니다. 다변하고 급변하는 주일학교 현장에 계시는 교역자분들과 교사분들에게 일독을 자신 있게 권합니다.

들어가는 글

그때 나에게
나만의 보조교사가 있었더라면

오래전에 주일학교 교사로 활동했던 경험을 떠올려 봅니다. 처음에는 교회 어르신들의 강한 권유로 주일학교 교사를 맡게 되었고, 첫 번째 맡은 반은 중등부 학생들이었습니다. 그런데 학생들과 의사소통하는 방법을 찾는 것이 꽤 어려웠습니다. 물론 교단과 교회에서는 체계적인 교육 시스템이 구축되어 있었지만, 그 목표를 실제로 이루기까지는 쉽지 않았습니다. 당시에 저는 열정만 넘쳤을 뿐, 학생들과의 소통, 활동, 가르침에 대한 이해가 많이 부족했습니다. 무엇을 어떻게 풀어야 하는지, 질문을 어떻게 해야 하는지, 교육 목표를 어떻게 달성해야 하는지에 대한 정확한 이해가 없었습니다. 다른 사람에게 배워야만 했지만 아쉽게도 자세한 설명을 듣지 못했습니다. 스스로 부족함을 들키고 싶지 않아서였을까요? 그때 저에게 부족한 부분을 맞춤형으로 알려주고 돕는 보조교사가 있었다면 얼마나 좋았을까요?

현재, 인공지능은 우리 생활에 깊숙이 들어와 있습니다. 인공지능 로봇 세탁기, 에어컨, 청소기, 심지어 밥솥까지도 인공지능 기능이 탑재되어 있습니다. 또한 이미 자율주행 전기차를 운전하고 계신 분들도 계시겠죠. 우리의 일상생활 속에서 인공지능이 많은 도움을 주고 있습니다. 이 중에서도 챗GPT는 더욱 발전된, 혁신적인 기술입니다. 이는 텍스트를 통해 우리와 소통하는 대화형 인공지능으로, 덕분에 어떤 질문에도 답을 해 줄 수 있는 시대가 열렸습니다.

그렇다면 이런 챗GPT를 통해 교회의 주일학교는 어떻게 성장하고 발전할 수 있을까요? 이 책은 이런 질문에서 시작했습니다. 이 책의 목적은 단순히 챗GPT가 무엇인지를 설명하는 것이 아니라, 교사가 챗GPT를 어떻게 활용할 수 있는지를 소개하는 것입니다. 즉, "챗GPT를 활용하는 교회 교사를 위한 매뉴얼 북"이라고 할 수 있습니다. 챗GPT를 목회와 사역에 실무적으로 적용한 첫 번째 책으로서 그동안 챗GPT 사용을 망설이며 궁금해하셨던 분들, 시도했다가 이내 포기하신 분들께 실질적인 도움이 되기를 바랍니다.

이 책을 사용하는 방법

이 책은 크게 네 부분으로 구성되어 있습니다.

- 첫 번째 부분에서는 챗GPT가 무엇인지, 그리고 이 기술이 어떻게 작동하는지에 대해 설명합니다.
- 두 번째 부분에서는 챗GPT를 활용해 어떻게 풍부하고 다양한 주일학교 교육 환경을 만들 수 있는지, 실제 사례와 아이디어를 공유합니다.

- 세 번째 부분에서는 여름 성경학교를 준비하고 실행하는 방법에 대해 살펴보며, 챗GPT를 활용해 어떻게 효과적인 프로그램을 기획하고 실천할 수 있는지 살펴봅니다. 이는 여타 다른 교회 행사 프로그램을 기획하고 실행하는 데에도 도움이 될 것입니다.
- 마지막으로, 챗GPT 외에도 교육에 활용할 수 있는 다양한 응용 프로그램을 소개하며, 실전에서 쉽게 활용할 수 있는 '프롬프트 100+'을 첨부하였습니다.

이 책을 읽는 모든 독자에게 제안합니다. 여기서 제시하는 아이디어들을 열린 마음으로 받아들이고, 실제로 적용해 보세요. 새로운 응용 방법을 찾아 자신의 것으로 만드는 데는 시간이 걸릴 수도 있고 어려움도 있을 것입니다. 하지만 변화는 항상 새로운 가능성을 열어줍니다. 이 책의 내용은 교사들이 자신의 교육 환경에 맞게 적용할 수 있는 기본적인 것들입니다. 어떤 방법이 가장 효과적인지, 그리고 자신만의 방법을 찾아내는 과정에서 어떤 성공과 실패가 있었는지 공유해 주시면, 그것이 모두에게 더 나은 발전을 위한 한 걸음이 될 것입니다.

이 책의 출간을 위해 조언과 도움을 아끼지 않은 최윤식 박사님과 동료들, 그리고 출판 과정에서 수고하신 생명의말씀사 편집부에 감사의 말씀을 전하고 싶습니다. 또한, 끝까지 기다려주고 함께해 준 가족들에게도 감사의 말씀을 전합니다.

미래목회전략연구소 홈페이지 https://futuresms.org
유튜브 https://www.youtube.com/@futuresms
이메일 better@futuresms.org

CONTENTS

추천사 • 4
들어가는 글 • 8

PART. 1 챗GPT란 무엇인가?

LESSON _ 01 시작부터 남다른 챗GPT　• 18

챗GPT 최단 기록을 갱신하다
챗GPT의 차별성
챗GPT와 같은 언어 모델에 사활을 걸다
챗GPT4.0의 발전
검색 엔진이 챗GPT 안으로 들어오다

LESSON _ 02 챗GPT라고 해서 만능은 아니다　• 24

챗GPT가 잘하는 일과 못하는 일
챗GPT로 하면 안 되는 일
두 가지 도구를 함께 활용하면 좋다

LESSON _ 03 챗GPT 이렇게 시작하자　• 32

챗GPT 로그인하고 질문하기
질문할 때 설정해야 하는 형식
검색이 아니라 질문이다
질문의 시대가 가져올 네 가지 변화

LESSON _ 04 중급 사용자를 위한 챗GPT의 원리　• 40

트랜스포머 알고리즘의 핵심과 장점
기존 언어학의 접근과 챗GPT 비교
챗GPT의 학습 전과 학습 후 비교

PART. 2   챗GPT로 다양하고 풍성한 주일학교 만들기

LESSON _ 01   **다양한 질문 만들기**   • 48

대상에 따른 적절한 질문 만들기
성경 본문을 더 파고드는 질문 만들기

LESSON _ 02   **성경 공부를 위한 활동 만들기**   • 66

성경 퀴즈 만들기
성경 공부 아이디어 만들기
성경 공부 시뮬레이션하기

LESSON _ 03   **서로 친해지기 위한 활동 만들기**   • 72

'소통'을 주제로 한 중등부 역할극 만들기
고등부 학생들을 위한 역할극 만들기

LESSON _ 04   **학생 개인에 맞는 심방하기**   • 84

심방 계획 세우기
심방 실행 단계 세우기
심방 실행 시뮬레이션하기
심방의 '평가와 보완'을 위한 질문들

PART. 3 챗GPT로 여름성경학교 준비하기

LESSON _ 01 **성경학교 계획 작성하기** • 112
사전 준비 아이디어 만들기
성경학교 계획 짜기
성경학교 일정 작성하기
'안내문' 작성하기

LESSON _ 02 **유초등부를 위한 성경 동화 만들기** • 128
삼손 캐릭터 만들기
캐릭터로 장면 만들기
동화 표지 만들기
유초등부 저학년에 맞는 메시지로 바꾸기

LESSON _ 03 **광고 영상 만들기** • 178
성경학교 광고 영상 만들기 프로세스
Vrew 영상 편집기 - 음성 만들기
Studio D-ID로 영상 만들기
Vrew 사용하여 자막 넣기

LESSON _ 04 **소통 강화 그룹 활동 만들기** • 190
아이스 브레이크용 게임 만들기
소통과 팀워크 활동 추천 받기
성경 드라마 만들기
성경 스토리텔링 만들기
협업 활동 추천 받기

PART. 4 다양한 응용프로그램

- Wrtn. AI : GPT4.0을 무제한으로 · 210
- Google Bard : 검색 최강자 구글이 만든 챗봇 · 214
- Askup : 챗GPT를 카카오톡에서 사용하기 · 218
- MS Bing Chat : Bing 검색 엔진의 장점까지 · 221
- MS Copilot : 인공 지능계의 부조종사 · 223
- ChatGPT plugins : 챗GPT 다양하게 활용하기 · 227
- MS Designer : MS의 디자인 편집 툴 · 228
- MS Bing- Image Creator : 간단한 무료 이미지 툴 · 232
- AIPRM : 프롬프트를 만들어주는 도우미 · 234
- 프롬프트 지니 : 영어 프롬프트가 필요할 때 · 239
- DeepL : 인공지능 학습 번역기 · 243

PART. 5 실전 프롬프트 100+

- 여름성경학교를 위한 프롬프트 · 246
- 심방을 위한 프롬프트 · 256
- 글 작성을 위한 프롬프트 · 262
- 성경 읽기를 위한 프롬프트 · 263
- 성경 공부를 위한 프롬프트 · 264
- 각 연령에 맞는 역할극을 위한 프롬프트 · 266
- 성경 동화를 위한 프롬프트 · 267
- 주일학교 및 계획 작성을 위한 프롬프트 · 269
- 기독교 가르침을 위한 프롬프트 · 270
- 기도문을 위한 프롬프트 · 271
- 창조론을 위한 프롬프트 · 272

LESSON _ 01	시작부터 남다른 챗GPT
LESSON _ 02	챗GPT라고 해서 만능은 아니다
LESSON _ 03	챗GPT 이렇게 시작하자
LESSON _ 04	중급 사용자를 위한 챗GPT의 원리

PART. 1

챗GPT란 무엇인가?

LESSON _ 01

시작부터 남다른 챗GPT

> 챗GPT는 OpenAI에서 개발한 대화형 인공지능 서비스입니다. 현재 출시된 어떤 프로그램이나 어플리케이션보다 폭발적인 관심을 받고 있습니다. 혹자는 인터넷의 발명에 견주어 설명하고, 어떤 이는 애플의 아이폰이 나왔을 때와 같은 상황이라고 설명하기도 합니다.

챗GPT 최단 기록을 갱신하다

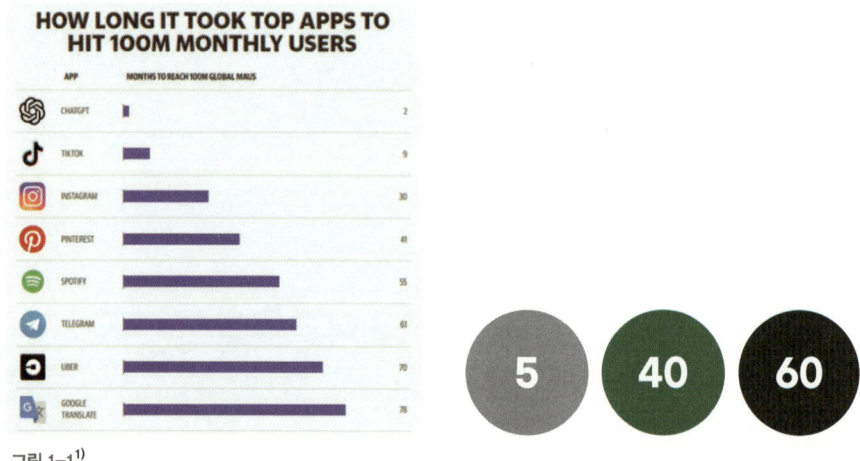

그림 1-1[1]

위의 숫자가 무엇을 의미하는지 아십니까? 2022년 11월 30일에 챗GPT가 출시된 이후 사용자가 100만 명을 넘는 데 걸린 시간입니다. 5일 만에 100만 명,

40일 만에 1,000만 명을 넘었고, 1억 명을 돌파하는 데에도 60일밖에 걸리지 않았습니다. 투자 은행 UBS에 따르면 틱톡은 9개월, 인스타그램은 30개월이 걸렸는데 말입니다. 무엇 때문에 이렇게 챗GPT에 관심이 많을까요?

챗GPT의 차별성

이렇게 챗GPT가 주목 받는 이유는 마치 인간과 대화하는 것 같은 뛰어난 언어적 능력 때문입니다. 한마디로 말을 잘합니다. 이전에도 '빅스비', '시리', '지니' 등의 인공지능 스피커가 있었지만, 그들의 언어 능력은 제한적이었고 단문만 주고받을 수 있었습니다. 예를 들어 "지니야 채널 14번 틀어 줘" 혹은 "소리를 20으로 줄여 줘" 등의 짧은 지시나 명령어만 알아들을 수 있었죠.

그림 1-2

하지만 챗GPT는 말의 문맥을 파악하여 대화할 수 있고, 사용자의 요청에 따라 특정 역할을 수행할 수 있습니다. 예를 들어 "너는 지금부터 전문적 상담사 역할을 할 거야"라고 설정하면, 요청에 따라 마치 옆에서 상담사가 말하는 것처럼 글을 작성해 줍니다. 이는 언어 기술의 혁신적인 발전을 보여주는 것으로, 마치 단단한 벽을 무너뜨린 느낌입니다.

구글과 비교해 보면 어떨까요? 구글은 필요한 내용의 검색어를 집어넣으면 관련 페이지를 나열합니다. 사용자는 각 페이지에 들어가서 필요한 정보를 찾고 요약하는 과정이 필요합니다. 반면, 챗GPT는 사용자의 요청에 맞춰 필요한 정보를 스스로 가져와 질문에 답변할 수 있습니다. 덕분에 사용자가 거쳐야 하는 단계가 줄어들게 된 것이죠.

챗GPT와 같은 언어 모델에 사활을 걸다

구글은 챗GPT와 맞불을 놓으려고 바드(Bard) 챗을 내놓았습니다.[2] 원래 일정보다 더 빨리 공개한 것은 그만큼 챗GPT의 인기를 의식해서라고 볼 수 있습니다.

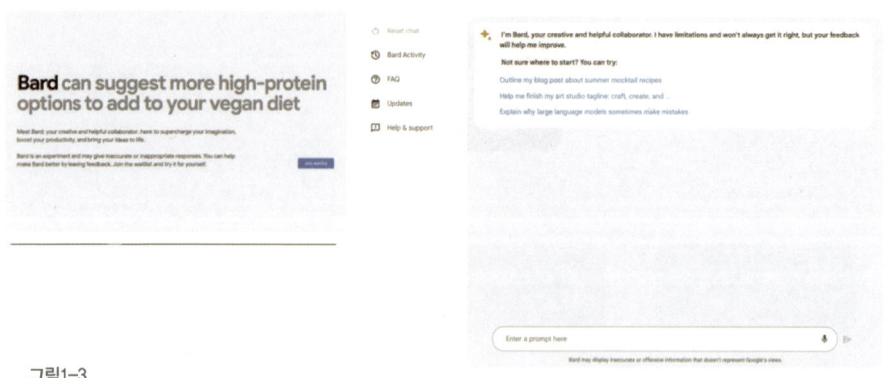

그림1-3

메타(Meta, 구 페이스북)도 초거대 언어 모델 라마(LLaMA)를 공개했습니다. 오픈소스 형태로, 비상업적 목적을 밝힌 신청자에게 제공할 계획이라고 합니다.

그림 1-4

네이버는 한글에 대한 자신감을 보이며 '하이퍼 클로바'를 내놓았고, 카카오는 '카카오 브레인'을 출시했습니다. 이들 인공지능은 챗GPT나 구글 바드처럼 아직 채팅 기능을 탑재하지는 않았습니다. 응용프로그램 개발 지원 및 B2C를 지원하는 것으로 보입니다.

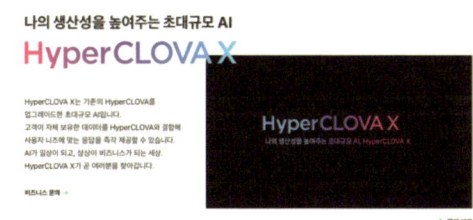

그림1-5

중국도 이에 질세라 GPT3의 10배가 넘는 매개변수로 초거대 AI 언어 모델인 '우다오 2.0'을 개발했습니다.

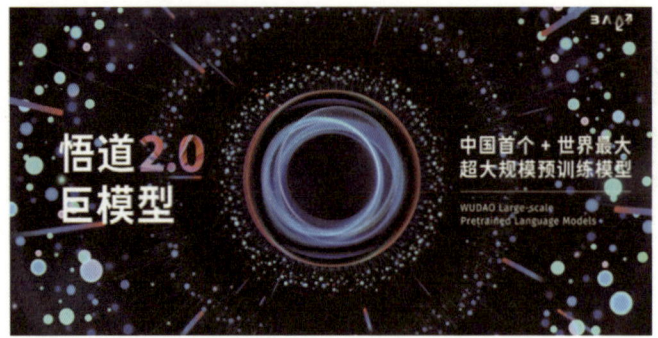

그림1-6 우다오 2.0 스크린샷(출처:BAAI)

챗GPT4.0의 발전

2023년 3월, 오픈AI사가 챗GPT에 적용된 GPT3.5의 업그레이드 버전 GPT4.0 버전을 공개했습니다. GPT4.0은 GPT3.5와 달리 텍스트뿐 아니라 이미지까지 여러 데이터 형태를 인식하는 모델입니다.

2023년 5월 8일자 아시아경제에 따르면, S&P500 기업의 실적 발표에서 AI가 총 1,072건 언급되었습니다.[3] 기업들은 이제 AI라는 단어를 건너뛸 수 없는 시대가 도래했음을 인지하고 있습니다.

검색 엔진이 챗GPT 안으로 들어오다

그림 1-7

2023년 5월 24일에는 오픈AI사가 챗GPT에 MS의 검색 엔진인 빙(Bing)을 탑재한다는 뉴스 기사가 발표되었습니다. 이날부터 챗GPT에는 검색 엔진이 내장되어 사용자가 검색을 위해 별도로 검색 엔진 홈페이지에 방문할 필요가 크게 줄어들게 되었습니다. 사용자는 단지 프롬프트를 통해 질문만 제기하면 됩니다. 질문을 받으면 챗GPT는 먼저 검색이 필요한 사항인지 판단해서 결정하고, MS 빙에 검색 명령을 요청합니다. 이후 MS 빙의 검색 결과를 바탕으로 챗GPT가 프롬프트 명령을 수행하게 됩니다.

LESSON _ 02

챗GPT라고 해서 만능은 아니다

챗GPT는 어떤 주제를 던져도 막힘 없이 술술 글을 씁니다. 작성한 것을 다른 형식이나 어투로 바꾸는 것 또한 식은 죽 먹기입니다. 챗GPT를 이용하면 앞으로 K드라마가 다양해지지 않을까 기대해 봅니다. 하지만 잘하는 것만 알아서는 비서로 사용하지 못합니다. 그 한계가 무엇인지 알아야 좋은 도구로 사용할 수 있습니다. 이번에는 챗GPT를 사용할 때 주의할 점에 관해서 살펴보겠습니다.

챗GPT가 잘하는 일과 못하는 일

챗GPT가 자신에 대해 뭐라고 하는지 한번 물어보았습니다. 다음은 챗GPT의 답변입니다.

 챗GPT는 인공지능 기반의 대화형 언어 모델로서, 다양한 주제와 분야에 대한 정보를 제공하고 사용자와 소통할 수 있는 능력이 있습니다. 그러나 챗GPT는 완벽하지 않기 때문에 잘하는 일과 못하는 일이 분명히 존재합니다. 이 글에서는 챗GPT가 어떤 분야에서 잘하고, 어떤 분야에서 부족한 점이 있는지 살펴봅니다.

[잘하는 일]
1. 다양한 주제에 대한 정보 제공: 챗GPT는 수많은 도메인과 주제에 대한 지식을 가지고 있어, 일반적인 질문에 대한 답변을 잘 할 수 있습니다. 예를 들어 역사, 과학, 문화, 기술 등 다양한 분야의 정보를 제공할 수 있습니다.

> 2. 자연어 처리: 챗GPT는 자연어 처리(NLP) 기술을 기반으로 합니다. 따라서 문장 구조, 문법, 맞춤법 등을 정확하게 이해하고 처리할 수 있어 사용자와 자연스럽게 소통할 수 있습니다.
> 3. 문장 생성: 챗GPT는 입력받은 문장을 기반으로 관련된 내용을 생성할 수 있는 능력이 있습니다. 이를 통해 글 작성, 시나리오 작성 등 다양한 분야에서 활용할 수 있습니다.
> 4. 어휘 다양성: 챗GPT는 풍부한 어휘를 가지고 있어 다양한 표현을 사용할 수 있습니다. 이를 통해 글이나 대화가 지루하지 않게 유지될 수 있습니다.

챗GPT는 여러 가지 능력을 갖추고 있다는 것을 스스로 잘 인식하고 있습니다. 주요 능력들은 다음과 같습니다.

1. 말하기 능력: 다양한 주제에 대해 정확하고 사람과 대화하는 것처럼 자연스러운 문장을 생성합니다.
2. 다양한 지식: 학습 과정에서 다양한 주제를 습득했기 때문에 사실과 관련된 정보를 많이, 비교적 정확하게 파악합니다.
3. 창의성: 조건을 조금씩 변경하여 질문하면 다양한 답변을 제고합니다. 이는 어휘의 다양성 덕분입니다.

TIP 챗GPT 사용 영역

챗GPT의 언어 능력 덕분에 다음 작업에 유용하게 사용됩니다.
- 할 일, 내용, 배경 자료 등을 입력하여 글쓰기나 아이디어 얻기
- 평범한 글, 보고서, 광고 카피 등 다양한 형태의 글 다듬기
- 어조나 표현 변경을 원할 때, 내가 원하는 스타일로 수정하기
  → '전문적인 어조로', '따뜻한 어조로', '10대에 맞게' 등 다양한 어조로 변경 가능

 **[못하는 일]**

1. 최신 정보의 부족: 챗GPT는 2021년 9월까지의 지식만 가지고 있기 때문에 그 이후의 최신 정보나 동향에 대해서는 알지 못합니다. 따라서 최신 정보에 대한 질문에는 정확한 답변을 제공하지 못할 수 있습니다.

2. 개인화된 정보 제공: 챗GPT는 사용자 개인에 대한 정보를 저장하거나 처리하지 않기 때문에 개인화된 정보나 추천을 제공하기 어렵습니다.

3. 감성 이해와 공감: 챗GPT는 인공지능으로서 감성적인 이해와 공감 능력이 제한적입니다. 따라서 감정적인 상담이나 공감이 필요한 상황에는 사용자의 기대에 부응하지 못할 수 있습니다.

4. 불완전한 질문에 대한 처리: 사용자가 제공하는 질문이 불완전하거나 모호한 경우, 챗GPT는 적절한 답변을 제공하는 데 어려움을 겪을 수 있습니다. 이러한 경우 사용자에게 추가적인 정보를 요청하거나, 명확하지 않은 부분을 분석하여 가장 적절한 답변을 제공하려고 노력하지만, 항상 완벽한 결과를 보장하지는 못합니다.

5. 높은 수준의 추론: 챗GPT는 기본적인 추론 능력을 가지고 있지만, 복잡한 상황이나 높은 수준의 추론을 요구하는 경우에는 한계를 보일 수 있습니다. 이는 인공지능의 현재 발전 수준 때문에 발생하는 문제로, 추후 모델 개선을 통해 해결될 수 있는 부분입니다.

6. 창의성과 독창성: 챗GPT는 수많은 데이터를 학습하여 언어를 생성하고 이해하지만, 인간과 같은 창의성과 독창성을 갖추지는 못합니다. 따라서 아이디어 창출이나 독창적인 작품 생성 등에 한계가 있을 수 있습니다.

7. 데이터 편향: 챗GPT는 학습 데이터에 포함된 정보를 바탕으로 작동하기 때문에, 데이터에 편향이 있을 경우 이를 그대로 반영할 수 있습니다. 이는 사용자에게 잘못된 정보를 제공하거나, 부적절한 답변을 생성할 수 있는 원인이 됩니다. 이에 대한 해결책은 모델 개선 및 학습 데이터의 품질 향상에 있습니다.

챗GPT는 인공지능 기반의 대화형 언어 모델로서 다양한 분야에서 활용할 수 있는 장점이 있지만, 동시에 여러 가지 한계와 불가능한 영역이 존재합니다. 앞으로 인공지능 기술이 발전함에 따라, 이러한 한계들이 점차 개선되어 챗GPT가 더욱 다양한 분야에서 효과적으로 활용될 것으로 기대됩니다.

반면에 앞의 답변처럼 챗GPT에도 한계가 있습니다. 최신 정보에 대한 지식이 부족하고 감정적인 공감 능력이 제한적입니다. 예를 들어, 2021년 이후의 최신 영화나 기술 동향에 대해서는 정확한 정보를 제공하기 어렵습니다. 또한, 사용자의 감정 상태를 정확하게 이해하거나 공감하는 데 어려움이 있고, 감정적인 상담이나 도움을 요청하는 상황에서는 한계를 보일 수 있습니다.

챗GPT로 하면 안 되는 일

중요한 사실과 숫자는 반드시 팩트 체크를 해야 한다!

그림 1-8

말은 유창하게 하는 챗GPT이지만, '정확한 사실 여부'는 반드시 확인해 보아야 합니다. 법령과 규정 등도 마찬가지입니다. 주가 분석이나 자산 관련 정보 등을 의존해서도 안 됩니다. 챗GPT는 계산 알고리즘을 완벽하게 학습하지 못했기 때문에 정확한 계산이 아닐 수 있습니다. (어림 계산은 의미가 있습니다.)

개인정보도 프롬프트 입력란에 절대 기입하지 마세요. 챗GPT는 개인 정보를 학습에 사용하지는 않지만, 개선 과정에서 활용될 가능성이 있으므로 이름, 주민등록번호, 핸드폰, 주소 등은 기입하지 않는 것이 좋습니다. 대신 대명사를 사용하여 정보를 처리하면 챗GPT가 잘 반영해 주는 것을 알 수 있습니다.

TIP 프롬프트가 뭔가요?

프롬프트(prompt)는 컴퓨터에게 일을 시키는 명령어를 말합니다. 챗GPT에서 프롬프트는 사용자가 인공지능과 상호작용하는 과정에서 입력할 정보와 관련된 질문 또는 안내를 지칭합니다. 예를 들어, "교회 청년부를 위한 월간 활동 계획을 작성해 주세요." 혹은 "건강을 챙기기 위한 운동 계획과 식단을 작성해 주세요."와 같은 것들입니다.

프롬프트는 어떤 데이터를 입력하거나 어떤 행동을 취할지 제안하고, 이를 통해 효과적인 상호작용이 이루어집니다. 이미지 생성 AI라면, 사용자는 원하는 이미지의 특징이나 주제를 입력해 AI에게 그림 생성을 요청합니다. 이렇게 입력된 프롬프트를 바탕으로 AI는 사용자가 원하는 이미지를 생성해 냅니다.

두 가지 도구를 함께 활용하면 좋다

첫 번째 도구는 구글 바드입니다(bard.google.com으로 접속하세요). 구글 바드는 챗GPT에 대한 구글의 대응입니다. 챗봇 서비스로서, 챗GPT와 유사한 기능을 제공합니다. 구글은 검색의 강자이며 이전에 팩트에 대한 논란이 있었기 때문에 특히 구글 바드가 사실 검증에 대한 신뢰성을 높이도록 설계되었을 가능성이 있습니다. 구글 바드는 여러 버전의 답변을 받을 수 있는 장점이 있습니다.

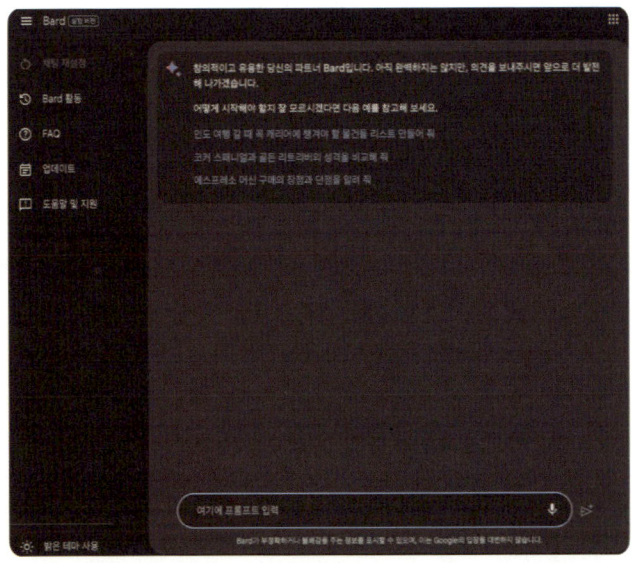

그림 1-9

바드에서 프롬프트를 입력하고 답변을 받으면, 오른쪽 상단에 "View other drafts"가 생깁니다. View other drafts 버튼을 누르면 또 다른 대안인 세 가지 옵션이 나옵니다. 하나씩 눌러보면 글을 조금씩 다르게 작성해 주는 것을 볼 수 있습니다.

두 번째 추천하는 도구는 MS 빙 챗입니다. 챗GPT와 마찬가지로 구글 바드도 학습된 데이터를 바탕으로 동작하므로 일정한 한계가 있습니다. 이러한 한계를 극복하기 위해, 검색 엔진 기능이 향상된 빙 챗을 추천합니다. 빙 챗은 핵심 능력인 검색 기능 위에 챗GPT가 결합되어 있습니다. 그 결과, 검색을 기반으로 한 챗봇 서비스를 제공함으로써 보다 정확한 정보 제공이 가능하다고 할 수 있습니다.

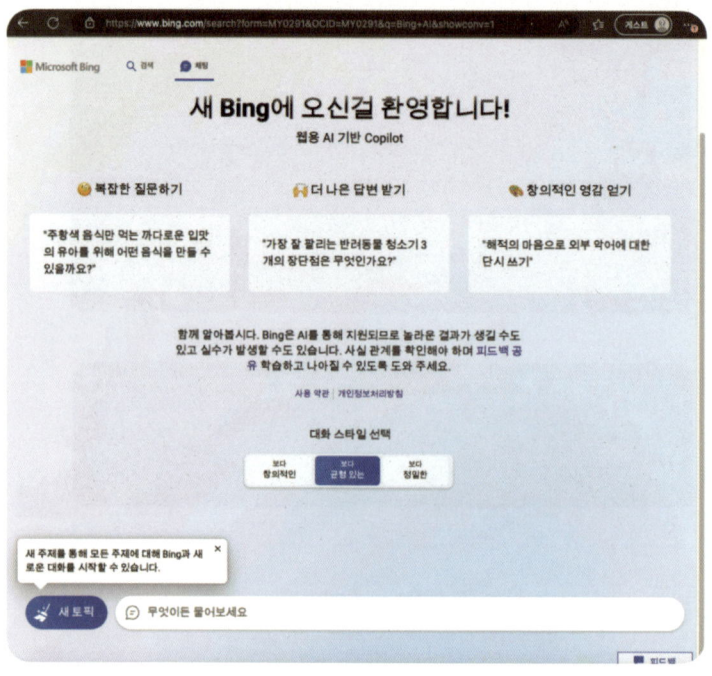

그림 1-10

　MS 빙 챗은 Microsoft Edge의 최신 버전 브라우저에서만 실행됩니다. 따라서 이를 사용하려면 해당 브라우저를 설치하고 Microsoft 회사 계정으로 로그인해야 합니다. 대화 스타일 선택에서는 팩트 중심의 대화를 원하신다면, "보다 정밀한" 옵션을 선택하시면 됩니다. 이 옵션은 간결하고 필요한 정보만을 제공하는 '말 없는 아들' 같은 스타일로 답변합니다. 팩트에 집중하는 대화를 원하시는 분들에게 추천합니다. 반면에 "보다 창의적인" 옵션은 창의적이고 세세한 묘사를 통해 다양하고 풍부한 이야기를 만들어 냅니다. 이 옵션은 새롭고 풍부한 내용을 선호하시는 분들에게 적합합니다. 상세한 활용은 뒤에서 살펴보도록 하겠습니다.

LESSON _ 03
챗GPT 이렇게 시작하자

새로운 도구가 등장하면 어떻게 하나요? 먼저 여러 기능을 둘러보고 시험해 봅니다. 이 과정에서 나에게 적합한 기능을 찾으면 더 깊이 파고들어 이해하고 적용하며 익힙니다. 챗GPT도 마찬가지입니다. 처음에는 어떤 능력을 갖췄는지 알 수 없습니다. 아무리 탁월한 도구라도 사용자가 익숙해지기 전까지는 그 가치를 제대로 발휘하기 어렵습니다. 그래서 이제 직접 사용하면서 어떤 기능이 있는지 알아보겠습니다.

챗GPT 로그인하고 질문하기

자! 이제 시작해 보겠습니다. 주소창에 http://openai.com 혹은 http://chat.openai.com을 입력해서 아래와 같은 사이트로 들어갑니다. 가입이 안 된 분은 상단 우측에 있는 Sign up을, 이전에 가입하셨던 분은 log in 버튼을 누르세요.

그림 1-11

다음으로는 상단 메뉴 중 ChatGPT를 클릭하고 본격적으로 대화를 나눌 준비를 합니다.

그림 1-12

이제 프롬프트 입력란에 내가 원하는 질문이나 요구사항을 입력해 봅니다.

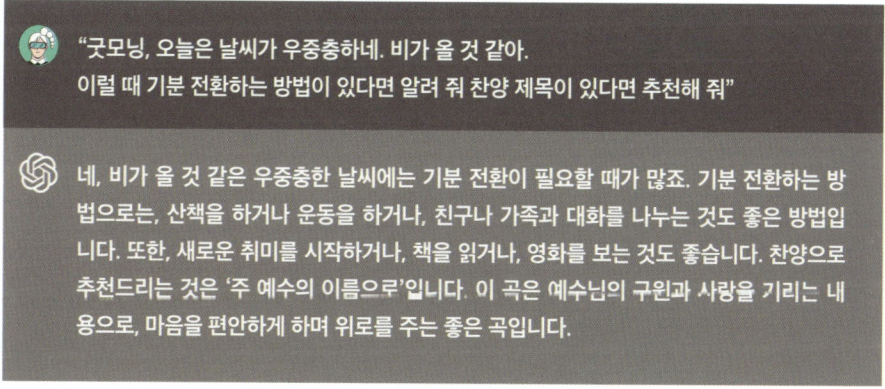

챗GPT가 한 곡을 골라주네요. 구체적인 답변을 위한 질문도 알아보겠습니다.

질문할 때 설정해야 하는 형식

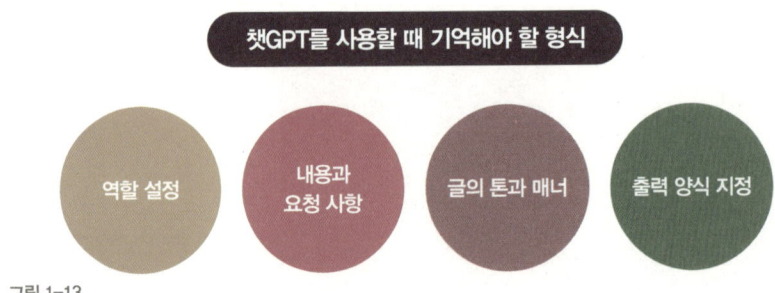

그림 1-13

1. <u>역할 설정</u>: 먼저 역할을 설정하는 것이 중요합니다. 역할은 전문가를 초청하는 것과 같습니다. 예를 들면 다음과 같습니다.

    카피라이터처럼 글을 써 달라고 요청할 때 –〉 "당신은 전문 카피라이터 역할을 할 것입니다."

    전문 심리 상담가처럼 답변을 해달라고 요청할 때 –〉 "당신은 전문 심리 상담가 역할을 할 것입니다."

2. <u>내용과 요청 사항</u>: 내용과 요청 사항을 자세히 기술할 수록 좋은 답변이 나옵니다. 앞에서 주일학교 교사로 역할을 설정했다면 다음과 같이 내용을 요청해 보세요.

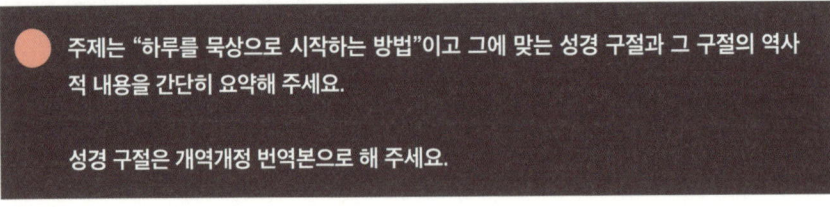

3. **글의 톤과 매너**: 출력 글의 톤과 매너를 정할 수 있습니다. 주제는 "하루를 묵상으로 시작하는 방법", 성경 구절과 역사적 내용을 간단히 요약해 주되 성경 구절은 개역개정 번역본으로 하고, 글의 톤은 밝게, 글의 매너는 대화체로 공손하게 작성해 달라고 요청해 봤습니다.

> 하루를 묵상으로 시작하는 건 정말 멋진 아이디어예요! '묵상의 도입부'로 완벽한 성경 구절은 시편 5:3이에요. 같이 읽어 봐요!
> "여호와여, 아침에 나의 소리를 들으시고, 아침에 나의 기도를 예비하신즉 그 기도를 받으시는 나를 바라보소서." 시편 5:3 (개역개정)
> 시편 5편은 다윗의 기도 중 하나로, 다윗이 적들에게서 보호를 구하며, 하나님의 도움을 청하는 내용이 담겨 있어요. 이 구절은 아침에 일어나자마자 하나님께 기도로 시작하는 좋은 모습을 담고 있죠.
> 하루를 묵상으로 시작하려면 이 구절을 읽고, 어떻게 당신의 삶에서 기도와 묵상을 더 풍요롭게 실천할 수 있는지 생각해 보세요. 묵상을 할 때마다 기억하세요, 하나님은 언제나 당신과 함께하세요!

확실히 글의 톤과 매너가 다른 것을 알 수 있습니다.

4. **출력 양식 지정**: 글 출력 양식을 지정합니다. 주제와 글의 톤, 글의 매너 등 요청 사항을 3번과 동일하게 입력하고 "출력은 표 형식으로 작성"해 달라고 요청하세요.

> 안녕하세요! 오늘의 주제는 "하루를 묵상으로 시작하는 방법"인데요, 이 주제는 하루를 상쾌하게 시작할 수 있는 좋은 방법이에요. 그럼 바로 가장 알맞은 성경 구절부터 지금부터 표 형식으로 살펴볼까요?

성경 구절	내용	관련 역사적 사실
시편 143:8 (개역개정)	"주여, 아침에 주의 인자함을 나타내소서. 내가 [주에게] 의지하였음이니이다. 내가 갈 길을 가르치어 행할 줄을 보이소서 내 영혼이 주에게 향하였음이니이다."	시편 143편은 시인 다윗이 절망적 상황에서 하나님의 도움을 청하는 구절로, 아침에 하나님의 인자함과 가르침을 바라는 마음이 담겨 있습니다.

> 이제 묵상으로 하루를 시작해 볼까요? 이 구절을 진심으로 읽고, 어떻게 하나님에 의지하며 삶의 길을 찾아갈 수 있을지 고민해 보세요. 아침부터 소중한 시간을 마련하여 하나님과 당신만의 아름다운 관계를 맺어나가길 바라요!
>
> 공손하게 묵상하는 방법을 알려드리자면 이렇게 말하겠죠.
> "아침에 일어나서 하나님과의 시간을 가지며, 에너지를 충전하고 우리가 향해야 할 방향을 함께 찾아보자구요!"
>
> 이렇게 멋지게 하루를 시작하면 어떨까요? 묵상의 시간 동안, 하나님이 언제나 당신 곁에 있다는 사실을 꼭 기억하세요!

검색이 아니라 질문이다

지식 획득의 방식은 시대와 함께 발전해 왔습니다. 인터넷의 발전으로 정보를 빠르게 검색하고 습득하는 능력이 중요해졌고, 키워드를 잘 선택하고 지속적인 검색을 통해 원하는 정보를 찾아내는 인내심이 요구되었습니다.

그러나 지금은 패러다임이 한 단계 더 발전하고 있습니다. 인공지능 챗봇의 등장으로 질문에 대한 답을 더욱 쉽고 효율적으로 얻을 수 있는 시대가 도래하고 있습니다. 이제는 단순히 정보를 검색하고 습득하는 것을 넘어서 더욱 복잡하고 다양한 질문에 대한 답을 직접적으로 얻을 수 있는 시대, 즉 질문의 시대가 다가오고 있습니다. 이러한 변화는 우리가 정보와 지식에 접근하고 이해하는 방식에 더욱 효과적인 변화를 가져올 것입니다.

예를 들어, 검색 엔진에 '피자 가게'를 입력하는 대신, AI 챗봇에게 "내 주변에 어떤 피자 가게가 있나요?" 또는 "지금 가장 인기 있는 피자 메뉴는 무엇인가요?"라고 물을 수 있습니다. 이러한 질문 중심의 접근법은 기존의 검색 방식에서 대화형 방식으로 발전하는 것입니다. AI 챗봇을 사용하면 사용자는 동료나 친구에게 질문하는 것처럼 자연스럽게 대화할 수 있고 이런 사용 방식은 사용자에게 더욱 자연스러운 경험을 제공하여 복잡한 검색어를 고민할 필요 없이 필요한 정보를 쉽고 정확하게 얻을 수 있게 합니다. 결국 검색 결과에 나타나는 것보다 사용자에게 맞춤화된 결과를 제공합니다.

또한 질문의 시대는 미래의 기술 트렌드를 예측하는 데에도 중요한 단서를 줍니다. 정보를 얻는 방식이 더욱 개인화되고 효율적이며 빠르고 정확해진다면, 이 혁신이 어떻게 사람들의 생활과 소비 패턴을 바꿀지도 이해하게 되기 때문입니다.

질문의 시대가 가져올 네 가지 변화

좀 더 구체적으로 어떻게 변화되고 있는지 네 가지 변화를 이야기할 수 있습니다.

1. 효율적인 정보 접근이 가능해집니다.
질문은 더욱 빠르고 정확한 정보를 제공함으로써 정보 탐색의 효율성을 높입니다. 예를 들어, "어떤 영화를 볼까?"라는 질문은 단순히 "영화"를 검색하는 것보다 더욱 특징적인 결과를 제공합니다. AI 챗봇은 이러한 질문을 바탕으로 사용자의 선호, 평점, 최신 영화 등을 고려하여 목록을 제공합니다.

2. 개인 맞춤형 정보를 제공합니다.
질문은 사용자의 특정한 필요성과 관심사에 초점을 맞춘 맞춤형 정보를 제공합니다. 예를 들어, "오늘 저녁에 먹기 좋은 건 뭐야?"라는 질문에 AI 챗봇은 사용자의 식습관, 위치, 시간 등을 고려하여 제안을 제공합니다. 이는 사용자에게 개인화된 경험을 주고, 더 관련성이 높은 결과를 얻게 합니다.

3. 상호 작용의 경험이 확산될 것입니다.

질문을 통한 정보 탐색은 대화를 하는 것처럼 사용자에게 편안하고 자연스러운 경험을 줍니다. 단순히 "오늘 어떤 옷을 입으면 좋을까?"라고만 질문해도 됩니다. 현재의 날씨, 자신의 일정, 패션 스타일 등을 고려한 의상을 추천받을 수도 있습니다.

4. 다양한 주제에 대한 학습이 가능합니다.

질문의 형태는 사용자 스스로에게 학습을 제공합니다. 사용자는 챗봇에게 물어보면서 자신이 모르는 분야나 새로운 주제에 대해 배우게 됩니다. 예를 들어, "프랑스 요리를 만들려면 어떻게 해야 하나요?"라는 질문은 사용자에게 프랑스 요리에 대한 지식을 습득하게 합니다. 또한 다양한 질문을 통해 사용자는 본인의 관심사를 정하고 새로운 관점을 탐색하게 됩니다. 이런 방식으로 질문은 사용자의 지식 범위를 넓히고 새로운 방법을 습득하며 지속적으로 성장할 수 있는 기회를 줍니다. 따라서 사용자는 스스로 학습 방식을 혁신하고 지식과 경험을 확장하게 될 것입니다.

결국 검색을 넘어서 질문이 중심이 되는 시대는 사용자들에게 더욱 풍부하고 개인화된 정보 접근 방식을 제공합니다. 이는 정보 탐색의 효율성을 높이고, 개인화된 정보를 제공하며, 자연스러운 대화형 경험을 가능하게 합니다. 뿐만 아니라 다양한 주제에 대해 지속적으로 학습하고 성장하는 기회를 제공함으로써 사용자 스스로 지식과 경험을 확장하도록 하는 데 큰 역할을 합니다.

질문으로의 변화는 AI 챗봇과 같은 기술의 발전이 주도하며 정보의 접근과 소비 방식을 근본적으로 바꾸고 있습니다. 이는 새로운 기회와 도전을 암시합니다. 따라서 기술 발전에 맞는 이해와 준비가 미래를 선도하는 데 중요한 열쇠가 될 것입니다. '검색이 아니라 질문이 핵심'이라는 변화는 정보 접근 방식의 혁신을 의미하며, 우리 모두에게 새로운 가치와 기회를 제공할 것입니다. 챗GPT를 적극적으로 활용하여 새로운 시대를 성공적으로 이끌어 나가시길 바랍니다.

LESSON _ 04
중급 사용자를 위한 챗GPT의 원리

> 원리를 잘 알수록 도구를 잘 사용할 수 있기 때문에 기술의 관점에서 쉽게 설명해 보고자 합니다. 하지만 초보 사용자들에게는 어려울 수 있으니, 편하게 읽어 보시거나 넘어가셔도 좋습니다.

GPT는 "Generative Pre-trained Transformer"의 약자로, OpenAI에서 개발한 인공지능 언어 모델입니다. GPT 모델은 대량의 언어 데이터를 기반으로 사전 학습(pre-training)이 되어 있으며 다양한 언어 태스크를 수행할 수 있습니다.

GPT 모델은 Transformer 아키텍처를 기반으로 하며, 자연어 처리 태스크에서 매우 높은 성능을 보입니다. GPT는 자연어 생성, 문장 분류, 감정 분석 등 다양한 태스크를 수행할 수 있으며, 최근에는 이미지 생성과 같은 다른 분야에서도 사용되고 있습니다.

사실 이 트랜스포머 알고리즘은 구글이 2017년에 발표한 모델로서 최근까지 개발된 모델 중 가장 강력한 모델입니다. 스탠포드대학교 연구진은 트랜스포머를 "파운데이션 모델(foundation model)"이라고 명명했습니다. 앞으로 AI 모델의 패러다임 변화를 이끌 것이라고 생각했기 때문입니다. 지난 2년간 논문 저장 사이트 '아카이브(arXiv)'에 게시된 AI 관련 논문의 70%는 트랜스포머가 등장한다고 합니다.

트랜스포머 알고리즘의 핵심과 장점

트랜스포머 알고리즘의 핵심은 순차 데이터 내의 단어 관계를 추적해 문맥과 의미를 학습하는 신경망입니다. Nvidia 사이트에서 다음과 같은 예를 들어 설명합니다.

예1) 그녀는 주전자의 물을 컵에 따랐다. ( ) 가득 찰 때까지.
　　여기서 ( )는 컵을 의미한다는 것을 쉽게 알 수 있습니다.
예2) 그녀는 주전자의 물을 컵에 따랐다. ( ) 텅 빌 때까지.
　　여기서 ( )는 주전자를 의미한다는 것을 알 수 있습니다.

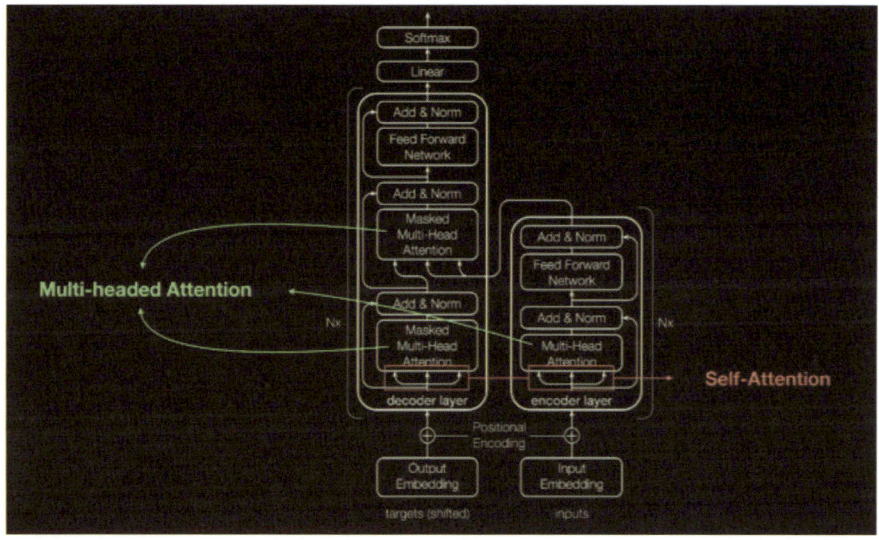

그림 1-14

위 그림은 트랜스포머를 정의한 2017년 논문의 공동 저자 8인 중 한 명인 에이단 고메즈(Aidan Gomez)가 제시한 모델의 세부 모습입니다.

트랜스포머는 기존 학습 방식에 비해 큰 패러다임 전환을 가져왔습니다. 이전 모델들은 대규모의 라벨링된 데이터 세트로 신경망을 훈련시키는 데 많은 시간과 비용이 소모되었습니다. 그러나 트랜스포머는 각 요소 사이의 패턴을 찾아내기 때문에 이러한 과정을 줄일 수 있었습니다. 게다가 이 알고리즘은 엄청난 양의 데이터를 학습할 수 있는 기반을 갖추었습니다.

트랜스포머의 또 다른 장점은 '전이 학습(Transfer Learning)'입니다. 트랜스포머 모델은 사전 학습(pre-training) 단계에서 많은 양의 데이터를 학습하고, 새로운 작업에 대해서는 적은 데이터로도 높은 성능을 보일 수 있습니다. 예를 들면, 학교에서 배우는 단어들을 기억하고, 새로운 문장에서 그 단어를 활용할 수 있는 것과 비슷하다고 생각하면 좋습니다.

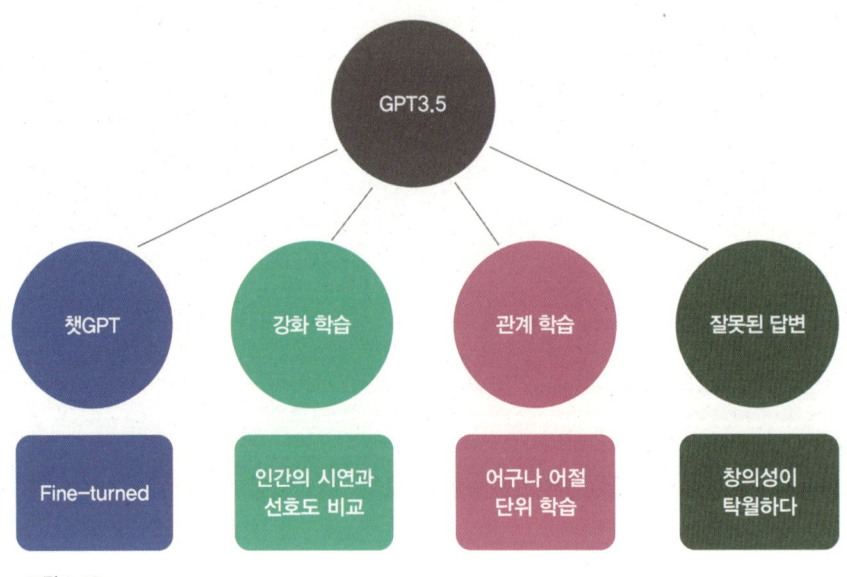

그림 1-15

챗GPT는 이러한 신경망 알고리즘을 기반으로 사람과 대화할 수 있도록 된 Fine-turned 모델입니다. Fine-turned 모델이란, 이미 학습된 모델을 새로운 태스크에 맞게 조정하거나 수정하는 것을 말합니다. 즉 모델이 새로운 데이터 셋에 맞게 재조정되었다는 것을 의미합니다. 예를 들어 채팅에 맞게 재조정된 것이 바로 챗GPT입니다. 사람과 대화가 잘 되게 한 것입니다. 이에 초점이 있다 보니, 내용이 잘못된 답변이라 할지라도 듣기에는 자연스럽게 대답하기도 하는 것입니다.

기존 언어학의 접근과 챗GPT 비교

항목	노엄 촘스키의 언어학	챗GPT
목적	언어의 내재된 구조를 이해하고 언어 습득의 원리를 밝혀내는 것	자연어를 이해하고 생성하여 사용자와 자연스럽게 대화하는 인공지능을 개발하는 것
기술적 측면	변환 생성 문법 이론을 사용하여 문장의 구조를 분석함	인공신경망과 대규모 데이터 셋을 활용하여 자연어 처리 알고리즘을 구현함(대형언어 모델 LLM)
예시	1. 철수는 영희를 좋아한다. 2. 동물원의 원숭이는 바나나를 좋아한다. 3. 어머니는 꽃을 좋아한다: 주어 + 목적어 + "좋아한다"라는 서술어의 실제 언어 사용 패턴	지난 주말에 우리는 해변에서 시간을 보냈습니다. 커피를 마시는 것보다 차를 마시는 것을 더 선호합니다. 내일 비가 올 확률이 높다고 기상청에서 발표했습니다. 선생님은 수학 시간에 새로운 공식을 가르쳐 주셨습니다. 도서관에서는 조용히 공부할 수 있는 환경을 제공합니다. 운동을 꾸준히 하는 것이 건강에 좋습니다. 지구 온난화로 인해 북극의 빙하가 녹고 있습니다. 길에서 길고양이를 만나면 가끔 밥을 주곤 합니다. 요리하는 것은 시간이 좀 걸리지만, 먹는 것은 즐거운 일입니다. 소설을 읽으면 상상력이 풍부해진다고 합니다. (…)
결과 응용	언어학, 인지과학, 언어 교육 등 다양한 분야에서 활용 가능	인공지능 대화 시스템, 기계 번역, 음성 인식 등 다양한 자연어 처리 응용에서 활용 가능

전통적인 언어학 접근법은 일정한 패턴을 식별하여 변환 생성 문법을 만들어 냅니다. 쉬운 예로, 고객이 상담사를 찾아가 어려움을 이야기할 때 상담사는 "어떤 것이 가장 어려웠나요?"라는 동일한 패턴으로 질문합니다. 이러한 방식으로 기존의 언어학에서는 문장 속의 단어를 찾아 이해하거나 다음 단어의 구조적 패턴을 찾는 것입니다. 반면, 챗GPT는 단어와 구문 사이의 관계를 학습하고 확률 분포를 통해 의미를 도출합니다.

이것이 이전 AI 스피커의 한계였습니다. 하나의 명령문은 작동하지만 다음 문장과의 관계는 파악할 수 없었습니다. 챗GPT는 이전 문장과의 관계를 이해하고 인간처럼 응답합니다. 예를 들어, 우리가 '지금부터 상담사 역할을 할 거야'라고 말하면, 챗GPT는 상담사가 말하는 맥락에서 우리의 질문과 단어를 이해합니다. 그래서 챗GPT가 말을 잘하는 것입니다.

챗GPT의 학습 전과 학습 후 비교

 학습 전과 학습 후의 챗GPT 능력에 대한 예시를 포함한 표를 다음과 같이 작성했습니다.

항목	학습 전	학습 후
단어 이해	우리는 커피를 마신다 더 선호한다 내일 비	우리는 커피를 마시는 것보다 차를 더 선호한다. 내일은 비가 올 것이다.
문장 구조	도서관 공부 조용 환경	도서관에서는 조용한 환경에서 공부할 수 있습니다.
문맥 관계	A: 어제 영화 봤어? B: 맛있는 피자	A: 어제 영화 봤어? B: 응, 어제 영화를 봤어. 꽤 재미있었어.

학습 전에는 챗GPT가 단어의 의미와 관계를 제대로 이해하지 못하여 문장이 자연스럽지 않거나 문맥에 맞지 않습니다. 하지만 학습 후에는 단어의 의미와 관계를 정확하게 이해하고, 문장 구조를 올바르게 구성하며, 문맥 관계를 적절하게 파악하여 자연스러운 대화를 생성할 수 있게 됩니다. 이를 통해 챗GPT는 사용자와 원활한 대화를 나눌 수 있고, 다양한 자연어 처리 응용에서 높은 성능을 보일 수 있습니다.

챗GPT의 학습 과정을 이해하기 위해, 학습 전과 후의 차이를 비교해 보겠습니다. 첫 번째 행을 살펴보면, 학습 전에는 무작위로 단어들이 입력됩니다. 학습 후에는 문장을 만들어 이야기합니다. "우리는 커피를 마시는 것보다 차를 더 선호한다. 내일은 비가 올 것이다."라는 문장을 보면 '내일'과 '비'라는 단어를 통해 '올 것이다'라는 동사를 찾아낸 것을 알 수 있습니다. 단어의 관계를 이해하고 있는 모습입니다.

문장 구조를 보자면, 학습 전에는 단어들만 주어졌지만, 학습 후에는 문장 구조를 완성시켰습니다. "도서관에서는 조용한 환경에서 공부할 수 있습니다"라는 문장을 만들어 낼 정도로 탁월합니다.

문맥에서는 "어제 영화 봤어?"와 "맛있는 피자"가 주어지자 "어제 영화 봤어?", "응, 어제 영화를 봤어. 꽤 재미있었어"라고 대답합니다. 맛있는 피자까지 먹은 것은 영화를 '즐겁게' 봤다는 것으로 앞뒤 문장의 관계를 연결한 것입니다.

이러한 일련의 과정들로 챗GPT가 탁월한 문장을 만들어 내고 사람들은 열광하고 있습니다. 이렇게 학습된 챗GPT는 앞으로 더 다양한 주제와 상황에서 놀라운 결과를 가져오며 인공지능 언어 모델의 발전을 보여줄 것입니다.

LESSON _ 01	다양한 질문 만들기
LESSON _ 02	성경 공부를 위한 활동 만들기
LESSON _ 03	서로 친해지기 위한 활동 만들기
LESSON _ 04	학생 개인에 맞는 심방하기

PART. 2

챗GPT로
다양하고 풍성한
주일학교 만들기

LESSON _ 01

다양한 질문 만들기

> 주일학교에는 설교와 성경 공부를 어려워하는 친구들이 있습니다. 교회에 나온지 얼마 안 된 아이들도 있습니다. "어떻게 하면 중요한 교리 내용을 명확하게 전달하고, 성경 본문의 의미를 아이들 삶에 적용할 수 있을까?" "더 재미있고 풍성한 방식으로 가르칠 방법은 없을까?" 하는 것이 주일학교 선생님들의 고민입니다. 하지만 아이들의 마음을 움직이는 것은 선생님의 기도와 사랑입니다. 선생님들이 창의적인 방법을 통해 사랑으로 성경을 전한다면, 그 결과는 결코 헛되지 않을 것입니다. 아이들의 영혼에 더 깊이 파고들어 가치 있는 변화를 이루어 낼 것입니다. 그 방법을 도와줄 챗GPT의 기능을 소개해 보겠습니다.

대상에 따른 적절한 질문 만들기

챗GPT는 여러 연령대와 상황에 따라 적절한 질문과 스타일로 대화를 이끌어 갈 수 있습니다. 처음 교사를 맡거나 학생들의 연령이 다양한 반을 맡게 되는 경우, 챗GPT를 활용하여 대상에 맞는 질문을 생성할 수 있습니다.

예를 들어, 다음과 같은 방법으로 챗GPT에게 질문을 요청할 수 있습니다:

연령을 명확하게 지시하기
예: "나는 7-9세 어린이들을 위한 성경 수업을 진행하려고 합니다. 이 연령대에 맞는 질문 몇 가지를 제안해 주세요."

특정 주제나 이야기 선택하기
예: "다윗과 골리앗의 이야기를 가르치는데, 10-12세 학생들에게 어떤 질문을 던져야 할까요?"

챗GPT는 이러한 요청에 대해 연령에 적합한 질문을 생성하여 교사들에게 도움을 줄 수 있습니다. 이를 통해 교사들은 학생들의 이해도와 관심을 높이는 데 도움이 되는 질문을 선별할 수 있습니다. 그러나 챗GPT가 제공하는 질문은 참고용이며, 교사들은 그것을 기반으로 각자의 경험과 지식을 활용해 더 나은 질문을 구성할 수 있습니다.

그림 2-1

대상에 따른 질문 프롬프트는 위의 5가지 요소를 가집니다.

- 역할 설정: ex. 주일학교 교사. 역할 설정은 한 번만 하면 됩니다.
- 대상: ex. 초등부 학생, 중등부 학생, 고등부 학생
- 본문과 주제: 공과 교재에 맞게 설정합니다.
- 사용 용도: ex. 주일학교에서 사용할 본문과 주제에 맞는 질문을 작성해 줘
- 출력 형태: 보기에 편한 형태로 "표", "글머리", "마크다운" 등이 있습니다.

01 질문 예시

 ① 너는 지금부터 교사 역할을 할 거야

알겠습니다. 저는 지금부터 주일학교 교사 역할을 맡겠습니다.

 ② 대상은 중등부 학생이고,
③ 본문은 딤후 3:14-17절,
주제는 "하나님의 감동으로 기록되었다."

④ 본문에 맞는 간단한 질문 5가지와 답,
그 이유를 작성해 줘

⑤ 출력 형식은 마크다운으로 해 줘

①에서 역할을 설정합니다.
②에서 대상을 지정하고
③에서 구체적인 본문과 주제의 내용을 작성합니다.
④에는 하고자 하는 일 또는 사용 용도를 작성합니다.
⑤결과 출력 양식을 작성합니다.

02 결과 예시 : GPT3.5 버전

 대상
중등부 학생

본문
딤후 3:14~17절

"그러나 너는 네가 배운 바, 믿음으로부터 나온 유익한 것으로부터 알고 있는 바를 계속 따르라. 네가 어려서부터 성경을 알고 있으니, 이것으로 말미암아 구원 얻으리니, 곧 그리스도 예수 안에 있는 믿음으로 말미암아 얻는 구원이라. 모든 성경은 하나님의 감동으로 기록되었으니, 가르침과 책망과 의로움을 위하여 유익하니까, 하나님 사람으로 온전하게 예비하게 하며 모든 선한 일에 전적으로 충분하다."

주제
"하나님의 감동으로 기록되었다"

질문과 답
1. 성경은 어떻게 기록되었나요?
• 모든 성경은 하나님의 감동으로 기록되었습니다. (딤후 3:16)

2. 성경이 기록된 이유는 무엇인가요?
• 성경은 가르침과 책망과 의로움을 위하여 유익하며, 하나님 사람으로 온전하게 예비하게 하며 모든 선한 일에 충분하도록 기록되었습니다. (딤후 3:16-17)

3. 성경을 알고 있다면 무엇이 가능한가요?
• 성경으로부터 배운 바와 믿음으로부터 나온 유익한 것을 계속 따르면서 구원을 얻을 수 있습니다. (딤후 3:14-15)

4. 어떻게 그리스도 예수 안에서 구원을 얻을 수 있나요?
• 어려서부터 성경을 알고 있으며, 이것으로 말미암아 구원을 얻으니, 곧 그리스도 예수 안에 서 있는 믿음으로 말미암아 구원을 얻을 수 있습니다. (딤후 3:15)

5. 성경을 읽고 배우는 것이 왜 중요한가요?
• 성경으로부터 유익한 가르침과 책망을 받아 모든 선한 일에 충분하도록 하나님의 사람으로 온전하게 예비할 수 있기 때문에 성경을 읽고 배우는 것이 중요합니다. (딤후 3:16-17)

03 결과 예시 : GPT4.0 버전

② 대상: 중등부 학생
본문: 딤후 3:14-17
주제: "하나님의 감동으로 기록되었다"

질문 1: 딤후 3:14-17에서 바울은 디모데에게 무엇을 권고하고 있나요?
답: 바울은 디모데에게 그가 어릴 적부터 배운 성경을 계속해서 따르라고 권고하고 있습니다.
이유: 이 절에서 바울은 성경이 하나님의 감동으로 기록되었으며, 모든 것에 유용하다고 강조하고 있습니다.

질문 2: 성경은 어떤 목적으로 사용되어야 하나요?
답: 성경은 교훈, 책망, 바로잡음, 의로운 생활의 훈련 등에 사용되어야 합니다.
이유: 본문에 따르면, 성경은 사람을 의롭게 하고, 하나님의 뜻에 따라 올바른 삶을 살 수 있도록 도와주는 목적이 있습니다.

> **질문 3: 성경을 통해 얻을 수 있는 이익은 무엇인가요?**
> **답**: 성경을 통해 구원에 이르는 믿음과 함께 의롭고, 올바른 삶을 살 수 있는 지혜를 얻을 수 있습니다.
> **이유**: 본문에서 바울은 성경을 통해 인생의 모든 측면에서 올바른 길을 걷도록 도움을 줄 것이라고 말하고 있습니다.
>
> **질문 4: 성경은 누구를 위해 쓰여졌나요?**
> **답**: 성경은 모든 사람을 위해 쓰여졌습니다.
> **이유**: 본문에 따르면, 성경은 하나님의 감동으로 기록되었으며, 모든 사람이 의롭게 살 수 있도록 도움을 주기 위해 존재합니다.
>
> **질문 5: 하나님의 감동으로 기록되었다는 것의 의미는 무엇인가요?**
> **답**: 하나님의 감동으로 기록되었다는 것은 성경의 내용이 인간의 생각이나 견해가 아니라 하나님의 뜻과 계획을 반영하고 있다는 것을 의미합니다.

02는 GPT3.5 버전이고 **03**은 GPT4.0 버전입니다. 3.5 버전에서는 질문과 답을 전부 작성한 후 이유를 설명하고, 4.0 버전에서는 각 질문마다 이유를 설명합니다.

질문은 비슷하지만 GPT3.5 버전은 좀 더 딱딱하게 묻고 답변도 성경구절 인용으로 작성합니다.

 예) 질문 3. 성경을 알고 있다면 무엇이 가능한가요?
   답: 성경으로부터 배운 바와 믿음으로부터 나온 유익한 것을 계속 따르면서 구원을 얻을 수 있습니다. (딤후 3:14-15)

이에 반해, GPT4.0 버전은 좀 더 쉽고 문장을 매끄럽게 설명합니다.
 예) 질문 3: 성경을 통해 얻을 수 있는 이익은 무엇인가요?

답: 성경을 통해 구원에 이르는 믿음과 함께 의롭고, 올바른 삶을 살 수 있는 지혜를 얻을 수 있습니다.

04

대상을 바꾸어 물어봅니다. 바뀐 부분은 ❶대상: 초등부와 ❷원하는 질문의 형태를 더 구체적으로 지정해 준 것입니다. 이렇게 지정하지 않으면 질문의 내용과 답이 크게 변하지 않습니다. 아래의 예시처럼 수준에 맞는 보기의 형태를 지정하면 좀 더 좋은 결과를 보여줍니다.

 ❶ 대상: 초등부 학생
본문: 딤후 3:14-17
주제: "하나님의 감동으로 기록되었다"
본문에 맞는 간단한 질문 5가지와 답을 작성해 줘

❷ 단답형 3개와 보기 1,2,3을 보여주는 질문을 할 수 있도록 작성해 줘
출력 형식은 마크다운으로 해 줘

1. 챗GPT에게 원하는 출력 형태의 예를 제시하거나 비슷한 스타일을 말해 주면 좀 더 나은 결과를 보여줍니다.
2. 문제의 예시를 더 많이 보고 싶다면, "계속 이어서 작성해 줘(Continue write please)"를 요청하세요.

05

위 프롬프트에 대한 GPT4.0 버전의 결과입니다. 3.5 버전에서는 보기의 예가 4.0 버전 보다는 수준이 낮습니다. (모든 부분에서 그렇다는 뜻은 아닙니다.) 단답형도 위의 중고등부 대상보다 좀 더 간결해지고 쉬워졌습니다.

대상: 초등부 학생
본문: 딤후 3:14-17
주제: "하나님의 감동으로 기록되었다"

질문과 답
1. **질문:** 성경은 누구의 감동으로 쓰여졌나요?
   답: 하나님의 감동
2. **질문:** 성경은 우리에게 어떤 것을 주기 위해 있나요?
   답: 지혜
3. **질문:** 성경은 우리가 어떤 생활을 살도록 도와주나요?
   답: 의로운 생활
4. **질문:** 성경이 가르쳐 주는 것들은 어디에서 왔을까요?
   보기:
   (1) 인간의 생각
   (2) 하나님의 감동
   (3) 과학의 발견
5. **질문:** 하나님의 사람이 완전하게 되기 위해서 어떤 것이 필요한가요?
   보기:
   (1) 부자 되기
   (2) 재능 있는 사람 되기
   (3) 성경에 의한 교훈, 바로잡음, 책망, 의로운 생활을 위한 훈련
6. **질문:** 우리가 어릴 때부터 배운 것에 머물러 있으면 어떤 것을 얻을 수 있나요?
   보기:
   (1) 세상의 명예와 부
   (2) 그리스도 예수 안에서 믿음으로 구원에 이르게 하는 지혜
   (3) 높은 사회적 지위

성경 본문을 더 파고드는 질문 만들기

성경 본문에 대한 심화 학습이 필요할 때 질문할 수 있는 내용을 준비해 보겠습니다.

01

본문의 배경을 좀 더 자세히 살펴보기 위해 먼저 단순하게 묻습니다.

 ① 딤후 3:14-17의 역사적 배경을 상세히 알려줄 수 있어?

 디모데후서 3:14-17의 역사적 배경은 서신 전체의 저자와 문맥과 밀접하게 연관되어 있습니다.
디모데후서는 전통적으로 사도 바울이 쓴 것으로 알려진 목회 서신 중 하나로, 바울이 로마에서 처형되기 직전에 감옥에서 쓴 것으로 추정됩니다. 이 편지에서 바울은 교회의 젊은 지도자인 디모데에게 반대와 도전에도 불구하고 믿음과 사역을 굳건히 지키라고 격려하고 있습니다.
특히 디모데후서 3:14-17에서 바울은 디모데에게 자신이 배우고 확신한 것들이 성경에 뿌리를 두고 있다는 것을 알고 그 일을 계속할 것을 촉구합니다. 바울은 디모데에게 모든 성경은 하나님의 감동으로 된 것으로 교훈과 책망과 바르게 함과 의로 교육하기에 유익하니 하나님의 사람으로 온전케 하며 모든 선한 일을 행할 능력을 갖추게 하려 함을 상기시킵니다.
따라서 이 구절의 역사적 배경은 초기 기독교 교회와 박해와 거짓 가르침에 맞서 신앙과 관습을 유지하고 지키기 위한 투쟁과 관련이 있습니다. 바울이 디모데에게 권면하는 이 구절은 어려운 시기의 기독교 신자들에게 지침과 힘의 원천이 되는 성경에 대한 확고한 기초가 얼마나 중요한지를 반영합니다.

02

본문 자체의 문장 구조에 대해서도 질문할 수 있습니다. (이 질문은 GPT4.0에서 적절한 답변을 얻을 수 있습니다.) 성경 본문은 챗GPT가 번역한 것입니다.

② 딤후 3:14-17의 문장 구조를 분석해 줄래?

 딤후 3:14-17절의 문장 구조를 분석해 드리겠습니다.

14 너는 어릴 때부터 배운 것에 머물러 있어야 한다. 그리스도 예수 안에서 믿음으로 구원에 이르게 하는 지혜를 주는 성경을 통해 얻은 지혜를 기억해라.
15 또한 너는 어린 시절부터 성경을 배워 왔으니, 이는 하나님의 말씀이다.
16 성경 전체는 하나님의 감동으로 쓰여졌고, 교훈과 책망, 바로잡음, 의로운 생활을 위한 훈련을 주기 위함이다.
17 이를 통해 하나님의 사람이 완전하게 되며, 모든 선한 일을 행하기 위해 준비되어 있다.

14절: "너는 어릴 때부터 배운 것에 머물러 있어야 한다."라는 문장에서, "너"는 디모데를 가리키며, "어릴 때부터 배운 것"은 성경의 가르침을 의미합니다. 이 문장은 디모데가 성경에 대한 교훈을 계속 따르도록 권장하고 있습니다.

14절 후반부: "그리스도 예수 안에서 믿음으로 구원에 이르게 하는 지혜를 주는 성경을 통해 얻은 지혜를 기억해라." 이 문장은 성경이 구원에 이르는 지혜를 주며, 그 지혜를 디모데가 기억해야 함을 강조합니다.

15절: "또한 너는 어린 시절부터 성경을 배워 왔으니, 이는 하나님의 말씀이다." 이 문장은 디모데의 어린 시절부터 성경을 배운 것을 언급하며, 성경이 하나님의 말씀임을 확인합니다.

16절: "성경 전체는 하나님의 감동으로 쓰여졌고, 교훈과 책망, 바로잡음, 의로운 생활을 위한 훈련을 주기 위함이다." 이 문장은 성경이 하나님의 감동으로 쓰여진 것임을 강조하고, 그 목적이 교훈, 책망, 바로잡음, 의로운 생활을 위한 훈련을 제공하는 것임을 밝힙니다.

17절: "이를 통해 하나님의 사람이 완전하게 되며, 모든 선한 일을 행하기 위해 준비되어 있다." 이 문장은 성경을 통해 하나님의 사람이 완전해질 수 있음을 설명하고 있으며, 이를 통해 선한 일을 행하기 위한 준비를 갖추게 된다는 것을 강조합니다.

딤후 3:14-17절의 문장 구조를 분석한 결과, 이 구절은 디모데에게 성경의 중요성과 그것이 하나님의 말씀이며 하나님의 감동으로 쓰여졌음을 강조합니다. 또한 성경을 통해 구원에 이르는 지혜를 얻을 수 있으며, 교훈과 책망, 바로잡음, 의로운 생활을 위한 훈련을 받게 된다고 말합니다. 이러한 가르침을 따르면 하나님의 사람이 완전해지고 선한 일을 행하는 데 필요한 준비를 갖출 수 있음을 알려줍니다.

03

위에서 언급한 역사적 배경에 대해 더 구체적으로 알고 싶다면 이렇게 프롬프트를 사용하세요.

 ③ 초대 기독교 교회, 박해에 대한 실제 사례를 들어 줄래? 링크가 있다면 첨부해 줘

다른 실제적인 예로는, 2세기 스미르나의 주교인 폴리카르포스의 사례가 있습니다. 폴리카르포스는 강한 믿음과 공동체에서의 강한 지도력으로 알려져 있습니다.
로마 황제 마르쿠스 아우렐리우스 시기에 있어 로마 당국의 박해가 있을 때, 폴리카르포스는 체포되어 당국 앞에 섰습니다. 그는 그들의 신앙을 부인하고 로마 신들에게 충성을 맹세하라는 요구를 받았지만, 거절하고 "86년 동안 [주]를 섬겨왔고, [그분이] 나에게는 잘못을 범하지 않았다. 그런데 내가 어떻게 나의 왕이자 구원자를 모독할 수 있겠는가?"라고 선언했습니다.
그 결과, 폴리카르포스는 붙잡혀 불태워졌습니다. 전통에 따르면, 그는 죽음 앞에서도 불굴의 믿음을 지켜내었으며, 그의 예는 많은 다른 기독교인들에게 박해에도 불구하고 믿음을 지키게 된 영감이 되었습니다.
이 예는 박해와 거짓 가르침으로부터 영적인 도전과 위협을 직면한 초기 기독교인들의 실제적인 위험과 도전을 강조합니다.

이는 또한 성서에 대한 굳건한 기초와 기독교 공동체의 핵심 신념과 실천에 대한 헌신의 중요성을 보여줍니다.

이곳에 폴리카르포스의 생애와 순교에 대한 더 자세한 설명이 있는 링크가 있습니다:
https://www.christianity.com/church/church-history/timeline/1-300/polycarp-martyred-11629550.html

구체적인 추가 예시를 요구하자 폴리카르포스에 대해 설명합니다. 제시하는 링크는 유효하지 않습니다. 21년 기준 학습이기 때문인 것 같습니다. 뒤에 나오는 MS 빙 챗 활용 부분에서 참고 링크를 다시 찾아 보겠습니다.

04

문장 구조상 중요한 단어를 알고 싶을 때는 아래와 같이 프롬프트를 입력하면 됩니다.

 ④ 딤후 3:14-17의 중요한 단어 3개를 알려 주고 연관된 성경 구절을 알려 줘

 영어로는, 2 Timothy 3:14-17에서 가장 중요한 세 가지 단어는 "Scripture," "God-breathed," 그리고 "profitable"입니다.
해당 성경 구절은 2 Timothy 3:16이며, "모든 성경은 하나님의 감동으로 된 바로, 교훈과 책망과 바로잡음과 의로의 훈련에 유익하도다."라고 말합니다.

예수님께서 성경의 중요성을 강조하셨습니다. 이와 관련된 성경 구절은 다음과 같습니다.

1. 시편 119:105 - "주의 말씀은 내 발에 빛이요, 내 길에 [빛]이로다."
2. 잠언 30:5-6 - "하나님의 말씀은 다 정직하도다. 그는 그를 피하는 자를 보호하시느니라. 그 말씀에 아무 것도 더하지 [말라]. 그리하면 그가 너희를 책망하시고 네가 거짓말 하는 자가 되지 않게 하시리라."
3. 마태복음 4:4 - "그러나 예수께서 대답하여 가라사대 기록된 바 '사람이 떡으로만 살 것이 아니요 하나님의 입으로 나오는 모든 말씀으로 살리라' 하였느니라."
4. 요한복음 17:17 - "거룩하게 하소서. 진리는 주님의 말씀입니다."
5. 히브리서 4:12 - "하나님의 말씀은 살아 있어 힘차며, 어떤 검보다도 날카롭고, 영과 영을 나누며, 골수와 관절을 갈라내며, 마음의 생각과 뜻을 판단합니다."

중요한 단어를 알려달라고 했더니 디모데후서 3장 16절의 단어를 명확하게 언급합니다. '성경', '하나님의 감동', '유익'을 들고 관련 성경 구절들도 찾아줍니다. 성경 구절은 영어 성경을 한글로 번역한 것이니 우리가 사용하는 성경으로 바꾸어 주면 됩니다.

챗GPT
주일학교는
어떻게 사용할까?

> 활용

팩트 체크를 위한 MS 빙 챗 사용하기

MS 빙 챗은 GPT4.0을 기반으로 한 검색 엔진을 탑재하고 있습니다. 여러 문서를 검색만 하는 것이 아니라 챗GPT처럼 키워드별로 분류한다든지, 500자 내외로 요약하기 등이 가능합니다. 그러므로 일일이 링크를 눌러보고 스스로 요약하는 시간이 단축됩니다. 폴리카르포스에 대해 더 자세히 알아볼 링크를 찾고 싶을 때 MS 빙 챗을 활용할 수 있습니다.

01

MS 빙 챗을 사용하기 위해 Microsoft Edge 브라우저로 들어갑니다. 사이트 오른쪽 단에 있는 b 표시를 누릅니다.

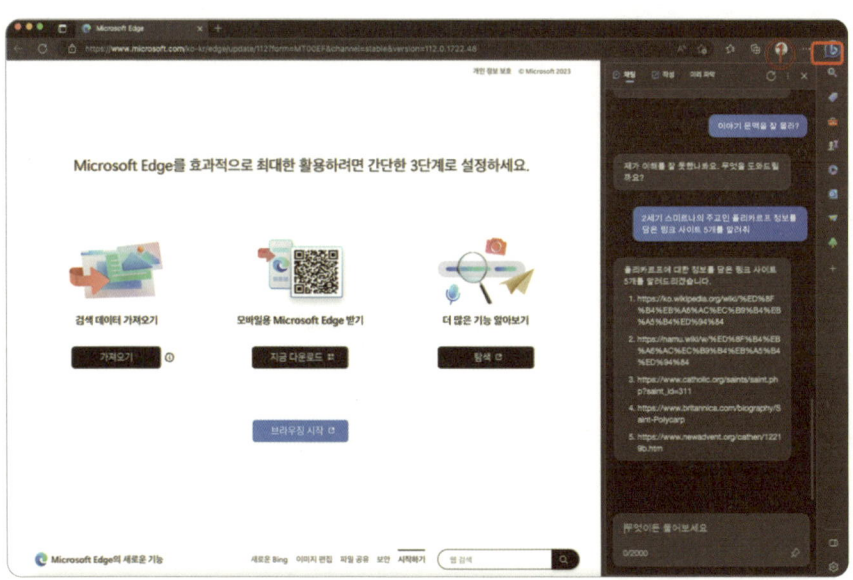

그림 2-2

02

채팅창이 뜨면 "2세기 스미르나의 주교인 폴리카르포스의 정보를 담은 링크를 5개 알려 줘"라고 입력합니다.

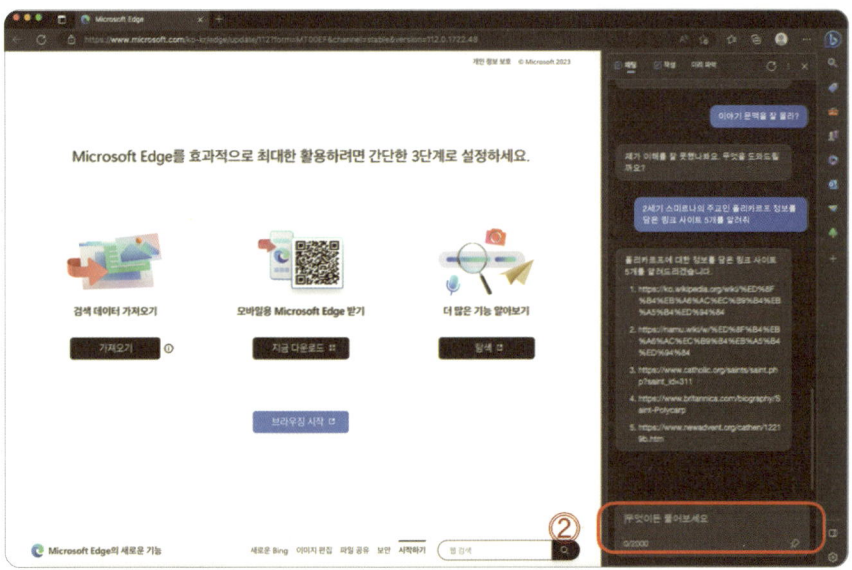

그림 2-3

03

결과물에 마우스를 가져가면 더 보기 메뉴가 나타납니다. 클릭해서 복사합니다.

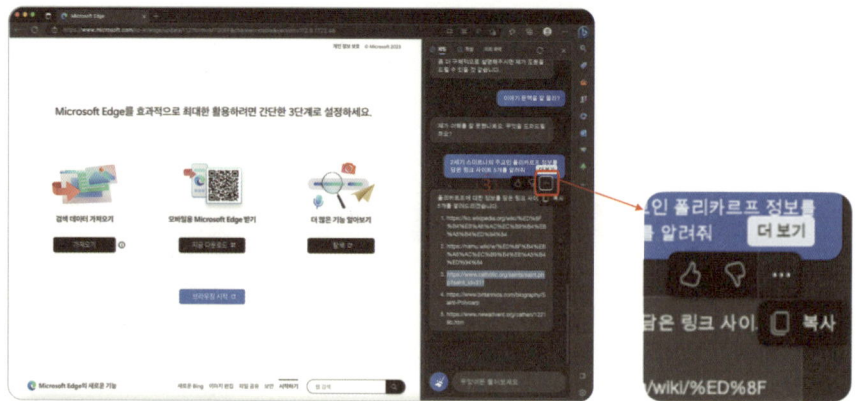

그림 2-4

04

그 중 하나를 선택해서 주소창에 붙여 넣은 뒤 나머지는 지웁니다.

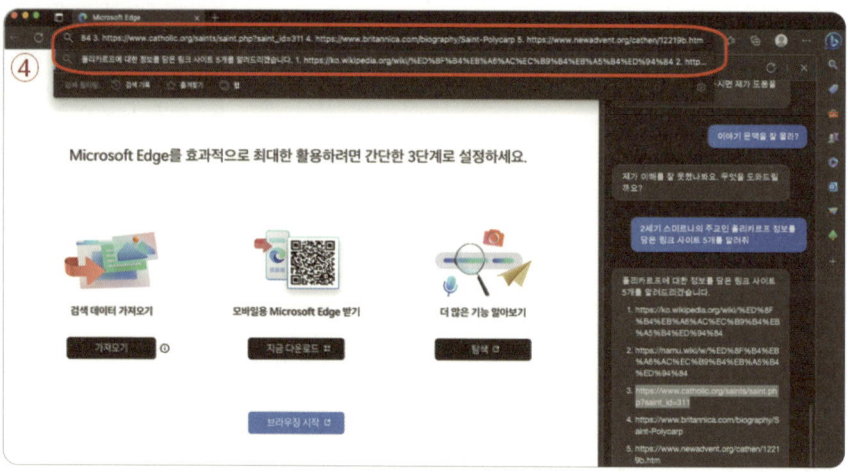

그림 2-5

05

영어로 돼 있으니 마우스를 우클릭해서 '한국어(으)로 번역'을 누릅니다.

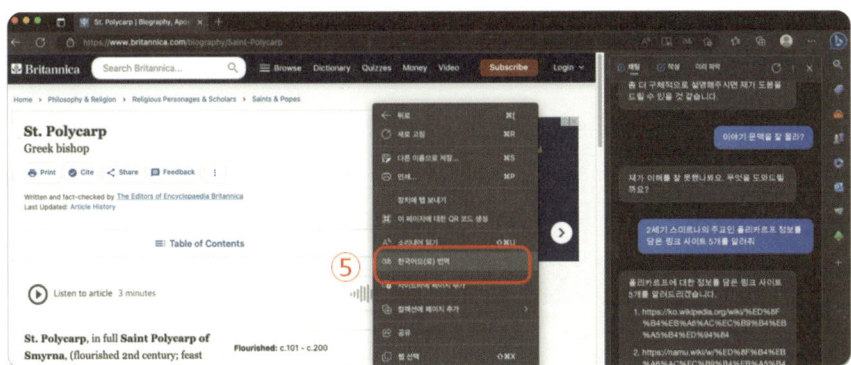

그림 2-6

06

폴리카르포스에 대한 정보를 볼 수 있습니다.

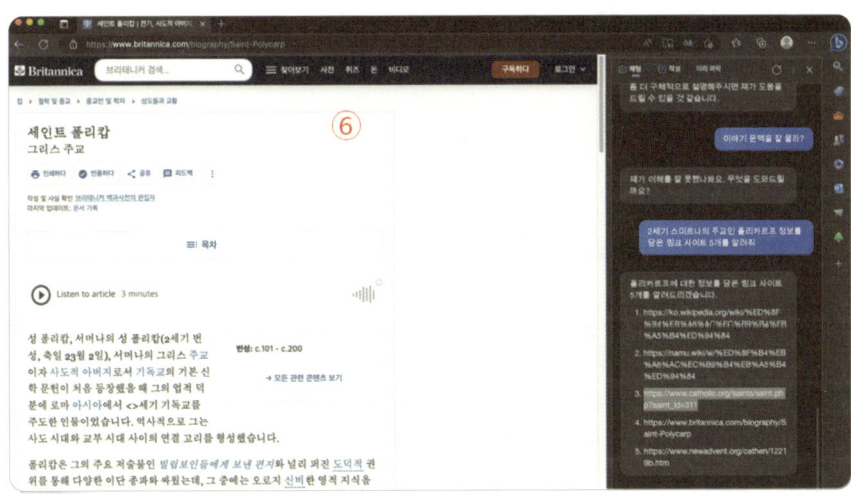

그림 2-7

07

"위 사이트의 내용을 키워드로 보여주고 500자 분량으로 요약해 줘"라고 요청해 봅니다. 키워드는 보여주지 않았지만, 중요한 내용을 요약해 주고 구체적인 내용에 대해서 각주를 만들어 주었습니다.

그림 2-8

 **MS 빙 챗의 장점**

일반 검색 엔진(구글, 네이버)과 MS 빙 챗이 다른 점은 단순히 검색만 하는 것이 아니라 검색된 내용을 요약하거나(500자), 웹 결과의 근거를 링크로 알려 주거나, 새로운 제안을 하거나, 다양한 모드(Creative: 창의적, Balanced: 데이터 기반의 중립적, Precise: 간결하고 정확하게 필요한 정보만)에 맞춰 답변을 얻는 것까지 가능하다는 점입니다.

08

각주를 클릭해 보면 그 사이트들로 이동되고, 한글로 번역을 요청하면 다음과 같이 나타납니다.

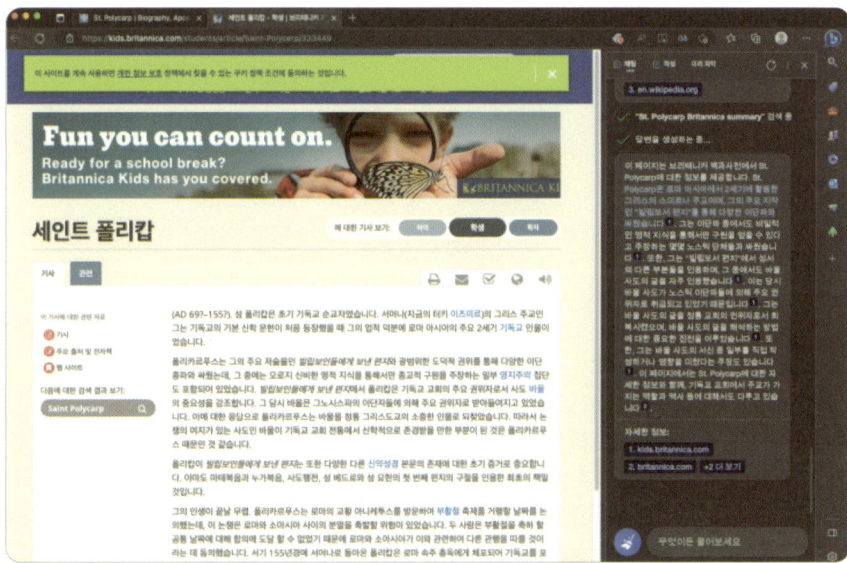

그림 2-9

LESSON _ 02
성경 공부를 위한 활동 만들기

성경 퀴즈 만들기

01

성경퀴즈 만들기 프롬프트는 아래와 같이 작성할 수 있습니다.

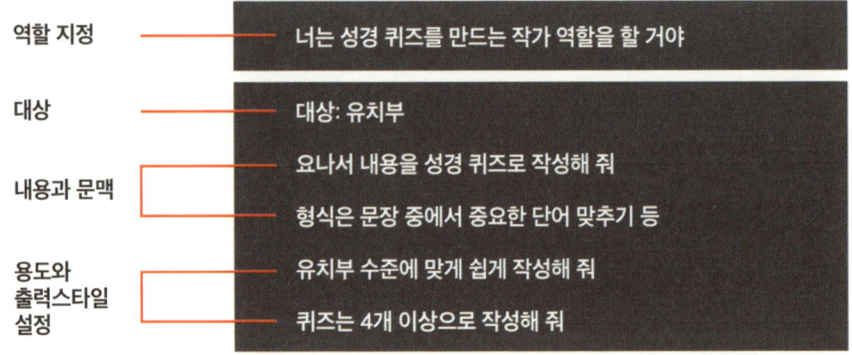

역할과 대상, 내용과 문맥, 용도와 스타일까지 설정해 줍니다. 오른쪽은 그에 대한 결과물입니다. 일단 가장 중요한 팩트 체크가 필요합니다.

1번은 성경 지명대로 "다시스", 10번은 "굵은 베옷"으로 정정합니다.

유치부인 경우에는 정답카드 붙이기를 활용할 수 있겠습니다.

1. 요나가 도망치려고 탄 배가 어디로 가려고 했나요?
   정답: 다_셀름 (다르셀름) → 팩트 체크 필요 (다시스)
2. 요나가 탄 배에서 어떤 날씨가 있었나요?
   정답: 큰_풍 (큰 폭풍)
3. 요나가 큰 물고기에게 삼켜졌을 때, 몇 일 동안 그 속에 있었나요?
   정답: _일(3일)
4. 요나가 사람들에게 전한 하나님의 말씀이 무엇이었나요?
   정답: 40일 안에 ＿＿＿가 멸망하리라 (니느웨)
5. 니느웨 사람들이 요나의 경고를 듣고 어떻게 했나요?
   정답: 회_하고 참_했다 (회개, 참회)
6. 요나가 도망치려고 배를 타기 전에 어디서 살았나요?
   정답: ＿＿ (가드)
7. 요나가 큰 물고기에 삼켜진 이유는 무엇인가요?
   정답: 하나님의 ＿＿을 따르지 않아서 (명령)
8. 요나가 고래의 배 속에서 무엇을 했나요?
   정답: ＿＿를 올렸다 (기도)
9. 요나가 고래 속에서 나온 이후 어디로 가서 전도했나요?
   정답: ＿＿＿(니느웨)
10. 요나가 니느웨에 도착했을 때 사람들이 어떻게 대응했나요?
    정답: ＿＿＿을 입고 ＿＿했다 (꼬리삭, 금식) → 팩트 체크 필요 (굵은 베옷)

02

팩트 체크를 위해 다시 한번 묻습니다.

> 다르셀름이 아니라 '다시스'가 맞는 것 아니야?
> 다시스에 대해서 아는 대로 역사적 문맥을 말해 줘

죄송합니다. 정답이 틀렸습니다. 정답은 '다시스(Tarshish)'입니다.

다시스는 고대 세계에서 거리가 먼 상업 항구로 알려져 있었으며, 주로 항해자들과 상인들이 찾던 곳이었습니다. 다시스의 정확한 위치는 알려져 있지 않지만, 일반적으로 서부 지중해 지역, 스페인 남부의 고대 도시 타르티소스(Tartessos)로 추정됩니다. 그러나 이것은 여전히 논쟁이 있는 주제입니다.

성경에 따르면, 요나는 하나님의 명령을 따르지 않고 니느웨로 가는 것을 거부하고 다시스로 가려고 했습니다. 요나 1장 3절에 따르면, 요나는 다시스로 가는 배를 찾아 탔으나, 하나님이 그를 찾아내어 큰 폭풍을 일으켜 다시 하나님의 명령을 따르게 합니다. 이렇게 다시스는 성경에서 요나가 하나님의 명령을 피하려고 도망치려 한 목적지로 언급되어 있습니다.

챗GPT 답변의 내용은 정확하지 않을 수 있습니다. 챗GPT가 만들어진 첫 번째 목적이 언어소통에 있기 때문입니다. 내용까지 정확하다면 얼마나 좋을까요? 물론 완전히 틀린 내용을 말하지는 않지만, 정보가 부정확하거나, 때로는 말의 의미를 맞추기 위해 적절한 거짓말도 만들어 냅니다. 따라서 정확한 답을 원하실 때는 반드시 "팩트 체크"를 해야 합니다.

챗GPT에게 가끔씩 칭찬을 하는 것은 매우 좋은 방법입니다. 칭찬을 통해 내가 원하는 내용과 형식 그리고 문장 스타일을 참고하게 되며, 이를 통해 내가 원하는 결과물을 얻을 확률과 범위를 더 정확하게 파악하게 합니다.

성경 공부 아이디어 만들기

03

이번에는 각 반별 성경 공부 교재에 대한 아이디어를 얻어 보겠습니다. 공통적인 공과 교재가 있지만, 각 반별 특성을 고려한 아이디어가 필요할 때가 있습니다. 이를 위해 다음과 같은 프롬프트를 사용할 수 있습니다.

 위의 내용과 관련해서 성경 공부 교재 아이디어를 얻고 싶어

대상은 역시 유치부야 한 반에 6명. 기억하지?
3가지 정도 아이디어를 추천해 주고 쉽게 설명한 표로 작성해 줘

스타일은 친절한 주일학교 선생님이야

 네, 기억하고 있습니다. 유치부 대상, 한 반 6명입니다. 아래에 세 가지 아이디어를 제시하겠습니다.

1. 성경 이야기 그림책: 아이들이 좋아하는 동화책 스타일로 성경 이야기를 풀어 나가는 교재
2. 요나의 모험: 요나의 이야기를 중심으로 한 교재로, 이야기를 통해 하나님의 사랑과 충성에 대해 배우는 내용
3. 성경 속 동물 친구들: 성경에서 등장하는 동물들을 통해 아이들이 성경 이야기를 쉽게 이해할 수 있도록 구성된 교재

아래에는 '요나의 모험' 교재에 대한 표를 작성하였습니다.

주제	내용	학습 목표
하나님의 부름	요나가 하나님의 부름을 받는 이야기	하나님이 우리에게 주시는 부름을 이해하고 받아들이기
요나의 도망	요나가 다시스로 도망가려는 이야기	하나님의 의지를 거스르지 않고 순종하는 것의 중요성 배우기
폭풍과 큰 물고기	요나가 큰 물고기의 배에 삼켜지고, 기도하는 이야기	곤경에 처했을 때 하나님께 기도하고 의지하는 것의 중요성 배우기
니느웨로의 사명	요나가 니느웨 사람들에게 하나님의 경고를 전하는 이야기	하나님의 경고를 전하고, 사람들의 회개를 이끄는 중요성 이해하기
하나님의 사랑	하나님이 니느웨 사람들을 용서하는 이야기	하나님의 사랑과 용서를 이해하고 그 사랑을 전파하기

성경 공부 시뮬레이션하기

04

만든 내용을 가지고 시뮬레이션 해보겠습니다. 챗GPT에게 유치부 학생 역할을 맡기면 성경 공부 시뮬레이션도 가능합니다.

 위 주제 중 요나의 도망, 니느웨로 가는 사명, 하나님의 사랑
이 세 가지로 실제 함께 이야기하는 대화문을 만들고 싶어
네가 유치부 학생이 되어서 대답해 주고, 그 과정을 만들어 줘

 아래에는 주일학교 선생님이 요나의 도망, 니느웨로 가는 사명, 하나님의 사랑 이야기를 하면서 유치부 학생과 대화하는 과정을 만들었습니다.

주일학교 선생님: 오늘은 요나의 도망 이야기를 알아볼 거예요. 요나는 하나님이 니느웨로 가서 사람들에게 경고하라고 부르셨어요. 그런데 요나는 어디로 도망갔을까요?

유치부 학생 A: 요나는 다시스로 도망갔어요!

주일학교 선생님: 잘 알고 있네요! 그런데 하나님께서는 요나를 찾아서 무슨 일을 벌이셨어요?

유치부 학생 B: 큰 폭풍을 일으키셔서 요나가 탄 배가 흔들렸어요!

주일학교 선생님: 맞아요. 그리고 요나는 어떤 동물에게 삼켜졌어요?

유치부 학생 C: 고래에게 삼켜졌어요!

주일학교 선생님: 그래요. 큰 물고기 안에서 요나가 어떻게 했어요?

유치부 학생 D: 요나가 하나님께 기도했어요.

주일학교 선생님: 그렇죠! 그러면 하나님이 요나를 큰 물고기 배에서 뱉어 내게 하셨어요. 그리고 요나는 어디로 가서 하나님의 경고를 전했어요?

유치부 학생 A: 니느웨로 갔어요!

주일학교 선생님: 잘 했어요! 니느웨 사람들은 요나의 경고를 듣고 어떻게 했을까요?

> 유치부 학생 B: 회개하고 하나님께 기도했어요.
>
> 주일학교 선생님: 너무 잘했어요! 하나님은 니느웨 사람들이 회개하는 것을 보고 어떻게 했어요?
>
> 유치부 학생 C: 하나님이 니느웨 사람들을 용서했어요!
>
> 주일학교 선생님: 친구들, 오늘 이야기를 통해 우리는 하나님의 사랑과 용서를 배웠어요. 우리도 하나님께 순종하고, 어려운 상황에서 기도하면서 하나님의 도움을 받아보아요. 다음 주에는 다른 성경 이야기를 함께 들어볼게요. 그럼 오늘 수업은 여기서 끝낼게요, 모두 수고했어요!
>
> 유치부 학생들: 감사합니다, 선생님!

이렇게 선생님과 유치부 학생들이 함께 요나의 도망, 니느웨로 가는 사명, 하나님의 인도하심이라는 주제를 갖고 이야기하며 성경 공부를 할 수 있습니다. 이 과정을 통해 아이들은 성경 이야기를 더 잘 이해하고 즐길 수 있게 됩니다.

LESSON _ 03

서로 친해지기 위한 활동 만들기

> 요즘 아이들과의 의사소통이 점점 어렵습니다. 특히 중등부 학생들이 그렇다고 생각합니다. MZ를 넘어 알파 세대와 소통해야 하고, 아이들끼리도 서로 친해질 수 있도록 만들어 줘야 합니다. 챗GPT를 활용하면 다양한 '소통' 활동들을 시도해 볼 수 있습니다. 완벽하지는 않지만, 다양한 시도를 통해 더 나은 의사소통을 이루어 낼 수 있을 것입니다.

'소통'을 주제로 한 중등부 역할극 만들기

01

중학생들을 대상으로 '소통'을 향상시킬 수 있는 활동이 무엇인지 물어봅니다.

 대상: 중학생 6명
위에서 언급한 배경을 참고해서
'소통'을 향상시킬수 있는 활동을 추천해 줄 수 있어?

챗GPT는 중학생과 '의사소통'을 향상시키는 활동들로 토론, 롤플레이, 그림으로 표현하기, 역할 놀이, 팀빌딩 게임 등을 제안하고 설명합니다.

다음은 중학생 6명을 대상으로 '의사소통'을 향상시키는 활동 몇 가지를 추천합니다.

1. 토론: 학생들을 2~3인 조로 나눠 각 조마다 특정 토론 주제를 주고 토론을 진행하도록 합니다. 주제는 각자의 의견을 자유롭게 표현할 수 있는 내용으로 선정하고, 토론 진행 방식은 참여자 전원이 발언할 수 있도록 하는 것이 좋습니다.

2. 롤플레이: 두 명의 학생이 각자의 역할을 맡아 상황을 연출하고, 나머지 학생들은 상황을 주시하고 상황에 따라 대화를 진행하는 롤플레이를 시도해 봅니다. 이를 통해 학생들은 자신의 의견을 표현하고 다른 사람의 의견을 수용하는 방법을 배울 수 있습니다.

3. 그림으로 표현하기: 학생들에게 특정 주제에 대한 그림을 그리도록 지시하고, 그림을 바탕으로 각자의 생각을 발표하는 시간을 갖습니다. 이를 통해 학생들은 자신의 의견을 시각적으로 표현하고 다른 사람들과 공유하는 방법을 배울 수 있습니다.

4. 역할 놀이: 각자 다른 역할을 맡아 상황을 연출하고, 서로 간에 대화를 나누는 활동입니다. 이를 통해 학생들은 자신의 입장에서 다른 사람의 생각과 감정을 이해하고 대화하는 방법을 배울 수 있습니다.

5. 팀빌딩 게임: 다양한 팀빌딩 게임을 통해 학생들의 팀워크와 의사소통 능력을 향상시킵니다. 예를 들어, 문제 해결 게임이나 미션을 수행하는 게임 등을 활용할 수 있습니다.

위 활동들은 학생들의 의사소통 능력을 향상시키는 데 도움이 될 수 있습니다. 다양한 방식으로 적극적으로 참여할 수 있도록 하며, 상호작용과 토론 등을 통해 서로의 생각과 의견을 존중하고 이해하는 방법을 배우도록 유도해 주시면 좋습니다.

02

실질적인 예를 물어보는 프롬프트를 다음과 같이 작성할 수 있습니다.

(좀 더 좋은 문장을 위해 한글을 영어로 번역해서 프롬프트를 작성하는 '프롬프트 지니'를 사용했습니다. 프롬프트 지니는 다음 활용에서 자세히 소개합니다.)

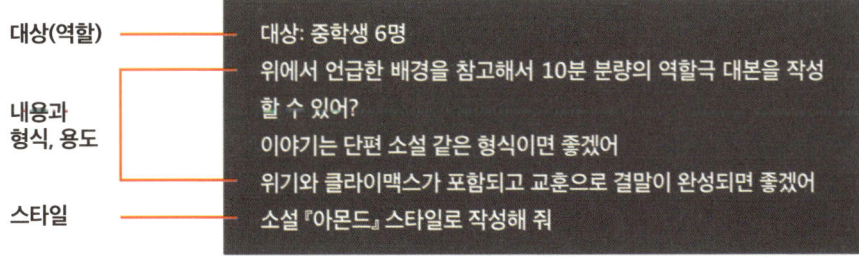

아래는 출력된 역할극 대본입니다.

 물론입니다. 디모데후서 3:14-17을 기반으로 한 이야기로, 다음과 같이 10분간의 롤플레이 스크립트를 제안합니다.

제목: 진리를 찾아서

등장인물:
- 마크: 믿음에 대한 의심으로 고민 중인 중학생
- 사라: 마크의 친구로 성경에서 답을 찾도록 도와주는 친구
- 김 선생: 마크의 믿음에 대한 깊은 이해와 성경의 힘을 가르쳐주는 멘토

장면 1:
마크는 방에서 홀로 앉아 괴로워하며, 무언가에 좌절한 듯한 표정을 짓습니다. 깊게 한숨을 쉬며 성경을 집어들어 목적없이 페이지를 넘기고 있습니다.

마크: (자신에게) '이게 무슨 소용이 있을까? 이건 그냥 오래된 이야기와 규칙일 뿐이잖아. 이게 지금 내 삶과 무슨 관계가 있을까?'

장면 2:
사라가 마크의 문을 두드리고 들어옵니다.

사라: "마크야, 어때?"

마크: (한숨을 내쉬며) "나도 몰라. 내 믿음에 대해서 헷갈리고 불확실한 느낌이 들어."

사라: "확실해! 성경은 하나님의 말씀이고, 삶을 바꿀 수 있는 힘을 가지고 있어."

마크: (의심스러운 표정) "어떻게 그런 걸 알아?"

사라: (격려하며) "김 선생님한테 가 봐. 현명하시고 항상 도움을 많이 준다고!"

장면 3:
마크와 사라는 김 선생님과 만나고, 선생님은 마크의 고민과 의심을 꼼꼼히 들어줍니다.

김 선생: (웃으며) "나도 네 마음을 이해해. 하지만 성경은 규칙과 이야기의 집합이 아니야. 그것은 살아있는 하나님의 말씀이고, 우리의 마음과 정신을 변화시키는 힘이 있어."

마크: (아직 믿지 못하는 표정) "하지만 이게 진짜인지 어떻게 알 수 있어요?"

장면 4:
마크는 대화에 더 관심을 갖고 참여하게 됩니다.

마크: (궁금해하며) "그럼 '하나님의 호흡'이 무슨 의미인가요?"

김 선생: (설명하며) "그 구절에서 사용된 그리스어 단어는 'theopneustos'로, '하나님의 호흡' 또는 '하나님께서 영감을 주신 것'을 의미해. 이것은 성경이 단지 인간의 책이 아니라 하나님의 말씀이라는 것을 의미해."

마크: (놀란 표정) "와, 그런 생각은 한 적이 없었어요."

장면 5:
대화가 계속되면서, 마크는 성경의 진실성과 그것이 삶을 변화시키는 힘에 점점 더 확신을 갖게 됩니다.

마크: (흥분하며) "더 배우고 싶어요! 우리 함께 성경 공부해도 될까요?"

사라와 김 선생: (웃으며) "물론이지!"

교훈:
이 이야기를 통해, 마크의 의심과 혼란 속에서도 성경 말씀이 마음과 정신을 변화시킬 수 있는 힘이 있음을 보여주고 있습니다. 성경에서 답을 찾으며 현명한 멘토와 친구와 함께 대화하면서 믿음을 깊이 고취시키고 진실성을 확인할 수 있습니다.

장면을 더 늘리고 싶다면 "이어서 직성해 줘(Continue write please)"를 요청하세요.

고등부 학생들을 위한 역할극 만들기

01

고등부 학생들을 위해서 다음과 같이 프롬프트를 작성해 볼 수도 있습니다.

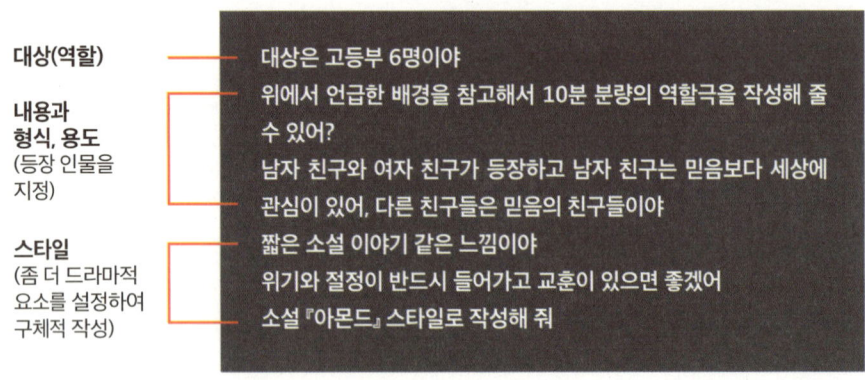

중등부 학생들의 역할극과 비슷하지만, 좀 더 자세한 등장인물의 캐릭터를 설정하고, 소설의 요소를 넣어서 작성하면 어떻게 달라지는지 비교해 보면 좋을 것 같습니다. 아래는 출력 결과물 입니다.

프롬프트 지니의 영어 결과물인데 지금은 작동을 안 합니다. 본문은 DeepL.com에서 번역한 것입니다.

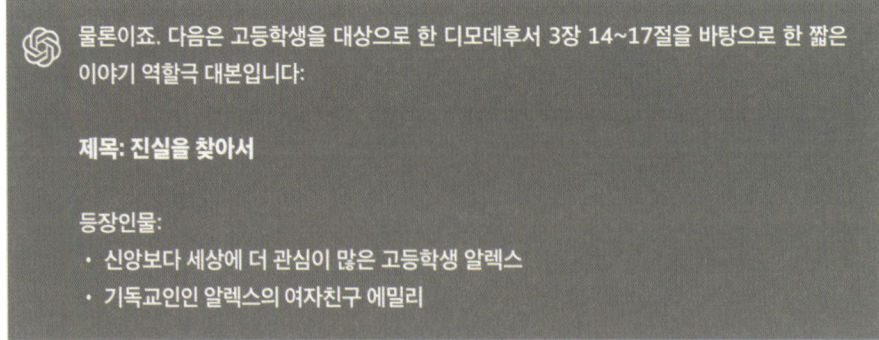

- 알렉스에게 어떻게 신앙을 전할지 고민하는 친구
- 에밀리의 친구 에단, 기독교인이며 그녀의 신앙 여정을 지지하는 친구
- 알렉스와 에밀리의 친구로 신앙에 대해 호기심을 갖고 함께 답을 찾아가는 샘과 제나

장면 1:
알렉스와 에밀리는 데이트를 하며 도시를 산책하고 서로의 삶에 대해 이야기를 나눕니다.

알렉스: (흥분한 목소리로) "오늘 뉴스 봤어? 가까운 태양계에서 새로운 행성을 발견했대. 앞으로 어떤 가능성이 열릴지 상상할 수 있겠어?"

에밀리: (웃으며) "멋지다, 알렉스. 하지만 삶의 의미와 우리가 더 큰 그림에 어떻게 들어맞는지 생각해 본 적 있어?"

알렉스: (혼란스러워하며) "무슨 뜻이야?"

에밀리: (생각에 잠긴 채) "글쎄, 나는 우리가 어떤 목적을 위해 창조되었고, 우리 삶에는 우리가 주변 세상에서 보는 것 이상의 의미가 있다고 믿어. 그런 생각을 해 본 적 있어?"

장면 2:
대화가 계속되는 동안 에밀리는 알렉스가 이해하고 인정할 수 있는 방식으로 자신의 신앙을 어떻게 공유할지 고민합니다.

에밀리: (망설이면서) "알렉스, 신앙이 네 취향은 아닐지 모르지만 나한테는 정말 중요해. 언제 한번 더 얘기할 수 있을까?"

알렉스: (호기심에) "좋아, 열린 마음이야. 하지만 우리가 보고 증명할 수 있는 것 이상의 것을 믿어야 할지는 잘 모르겠어. 무슨 의미가 있겠어?"

장면 3:
에밀리는 기독교인 친구인 에단에게 자신의 어려움을 털어놓으며 계속 답을 찾고, 에단은 알렉스를 위해 기도하라고 격려합니다.

에단: (지지하는 목소리) "힘들다는 거 알아, 에밀리. 하지만 바울이 디모데에게 쓴 글을 기

억해: '모든 성경은 하나님의 감동으로 된 것으로 교훈과 책망과 바르게 함과 의로 교육하기에 유익하니 이는 하나님의 사람으로 온전케 하며 모든 선한 일을 행할 능력을 갖추게 하려 함이니라'고. 하나님의 타이밍과 계획을 계속 신뢰해 봐."

장면 4:
알렉스와 에밀리의 친구인 샘과 제나가 대화에 참여하여 각자의 신앙에 대한 고민과 질문을 나눕니다.

샘: (호기심에) "전 종교에 대해 생각해 본 적이 없어요. 종교의 의미가 뭔가요?"

제나: (생각에 잠긴 채) "종교는 우리가 보고 경험하는 것 너머에 있는 삶의 의미와 목적을 찾는 것이라고 생각해요. 그리고 저에게는 나 자신보다 더 큰 무언가에서 희망과 위로를 찾는 것이죠."

장면 5:
그룹이 믿음과 성경의 힘에 대해 계속 토론하면서 알렉스는 새로운 가능성에 마음을 열기 시작하고, 물리적 세계 너머에서 답을 찾는 것의 가치를 깨닫기 시작합니다.

알렉스: (생각에 잠긴 채) "제가 생각했던 것보다 더 많은 것이 있을지도 몰라요. 여러분과 함께 더 많은 것을 배우고 탐구하고 싶어요."

교훈:
이 이야기를 통해 우리는 의심과 혼란 속에서도 인생의 가장 큰 질문에 대한 답을 찾는 것이 얼마나 중요한지 알게 됩니다. 친구들과 사려 깊은 대화를 나누고 성경에서 지혜를 구함으로써 우리는 신앙에 대한 깊은 이해를 갖게 되고 우리가 찾는 진리를 찾을 수 있습니다. 또한 하나님의 타이밍과 계획을 신뢰함으로써 아무리 어려워 보여도 우리가 올바른 길을 가고 있다는 확신을 가질 수 있습니다.

장면을 더 늘리고 싶다면 "이어서 작성해 줘(Continue write please)"를 요청하세요.

챗GPT
주일학교는
어떻게 사용할까?

> 활용

프롬프트 지니 확장 프로그램 설치

챗GPT는 영어 자료를 가장 많이 학습했습니다. 그래서 어떤 도메인은 영어로 질문해야 그 결과가 자세히 나타납니다. 그런데 번역기를 거쳐서 영어로 입력하고 결과를 다시 한글로 번역해 달라고 요청하는 것은 매우 번거로운 일입니다. 이를 간편하게 해 주는 프로그램이 바로 크롬 확장 프로그램의 프롬프트 지니입니다. 한 번 설치하면 한글로 입력해도 영어로 번역되어서 질문하고, 번역하기 버튼을 누르면 출력값이 한글로 나타납니다.

01

크롬 브라우저 상단을 보면, 퍼즐 조각 같은 아이콘이 있습니다. 이를 클릭하면 확장프로그램이 나타납니다. 이어서 아래 확장 프로그램 관리를 누릅니다.

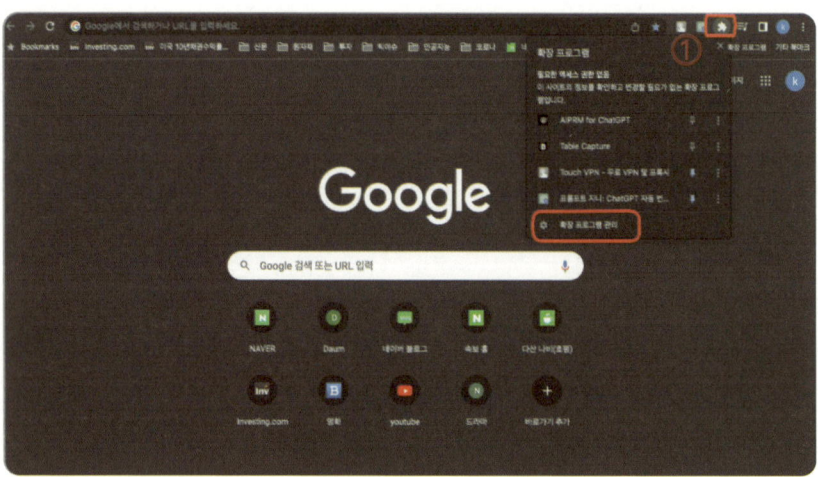

그림 2-10

02

상단 왼쪽 위 석삼자(≡)를 누르면, 하단에 Chrome 웹 스토어 열기 메뉴가 나타납니다. 이를 클릭합니다.

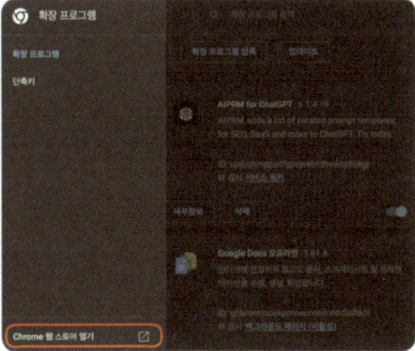

그림 2-11

03

웹 스토어에서 프롬프트 지니 ChatGPT 자동 번역기를 검색해 클릭합니다.

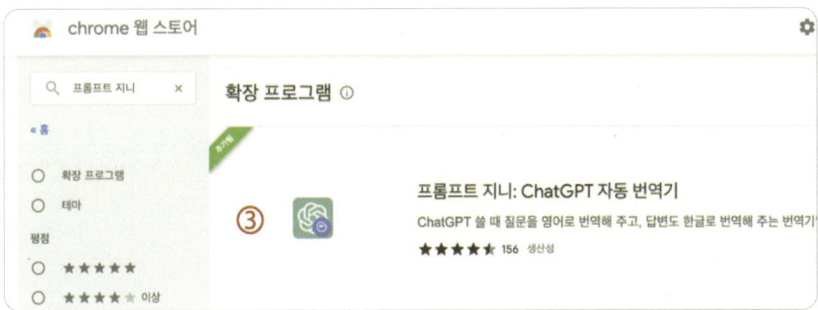

그림 2-12

04

Chrome 추가를 클릭하여 설치합니다.

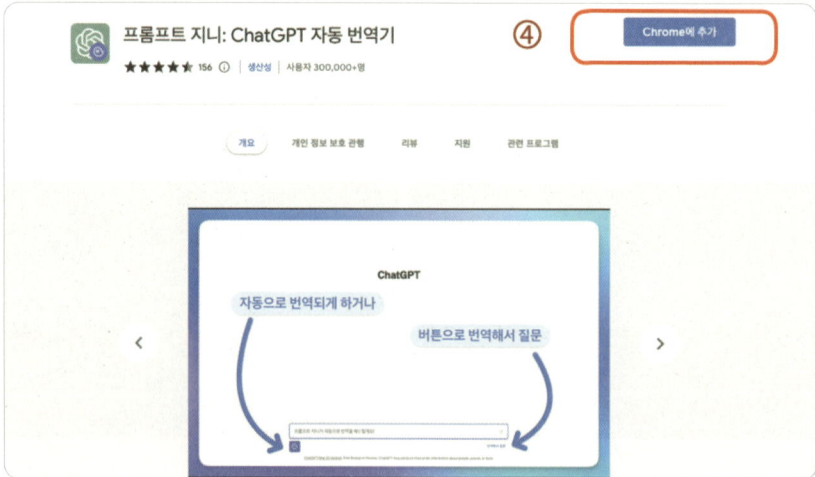

그림 2-13

05

챗GPT에 들어가면 아래와 같은 입력창이 생깁니다. 이를 클릭해서 옵션을 누르고 자동 번역을 off에서 on으로 바꿉니다.

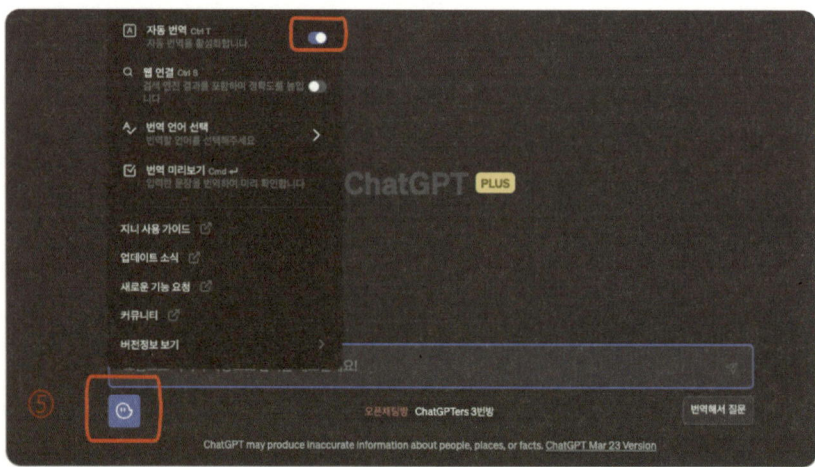

그림 2-14

06

이제 "굿 이브닝"이라고 한글로 입력하면, 영어로 자동 번역되어 프롬프트로 들어갑니다. 밑에 "지금 번역하기"를 누르면 영어로 작성된 결과를 한글로 볼 수 있습니다.

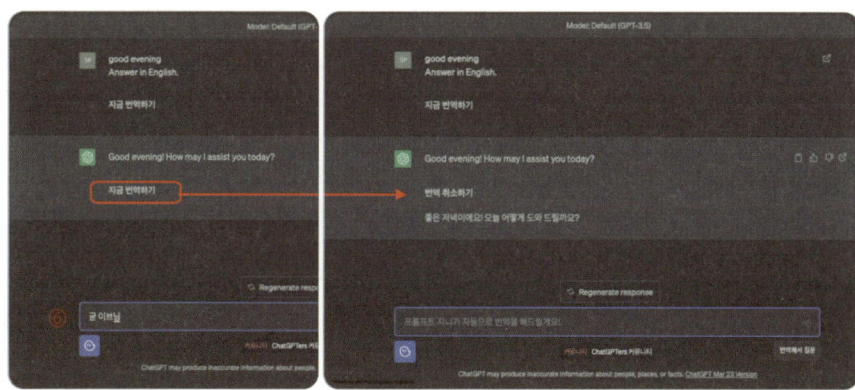

그림 2-15

LESSON _ 04

학생 개인에 맞는 심방하기

> "나는 주일 성수와 주일학교 교사로 봉사하는 일을 무엇보다 소중하게 생각합니다. 만약 장관직을 수행하는 일 때문에 주일 성수와 교사 일을 못하다면 받아들일 수 없습니다." _존 워너메이커
>
> 주일학교 교사로 봉사하는 일은 아이들을 목양하는 일입니다. 목자가 양을 잘 알고 있듯이 주일학교 교사도 자신에게 맡겨진 아이들을 잘 알아야 합니다. 아이들과 깊은 관계를 통해 그들의 정신적, 영적 성장과 영혼의 건강을 도와야 합니다. 이런 사명을 위해 학생 개인에 맞는 심방이 이뤄질 수 있도록 준비해 보겠습니다.

심방 계획 세우기

심방 계획을 어떻게 시작할지 막막할 때는 아래와 같은 프롬프트를 요청해 보시면 됩니다.

 우리 반은 중학생 남자 아이들 6명으로 구성되어 있어
목표는 의사소통이고, 심방 계획 프로세스를 작성해 줘

 안녕하세요! 중학생 남학생 6명으로 구성된 반에서 의사소통을 개선하고, 효과적인 심방 계획을 세우기 위해서는 다음과 같은 프로세스를 따르면 좋을 것 같습니다.

1. 목표 설정: 의사소통을 개선하고, 심방 계획을 세우는 것을 목표로 설정합니다.
2. 문제 분석: 현재 의사소통에 어려움을 느끼는 부분이 어디인지 파악하고, 심방을 계획할 때 고려해야 할 사항들을 정리합니다.
3. 계획 수립: 의사소통을 개선하기 위해 어떤 방법을 사용할지, 심방 계획을 어떻게 세울지에 대한 계획을 수립합니다.
4. 실행: 계획대로 의사소통을 개선하고, 심방을 실행합니다.
5. 평가: 계획을 실행하면서 얻은 경험을 바탕으로, 개선할 점이나 잘한 점을 평가합니다.
6. 보완: 개선할 점을 보완하고, 다음에 실시할 심방 계획을 더욱 효과적으로 수립하기 위해 계속해서 개선합니다.

심방 계획 프로세스는 다음과 같이 구체적으로 수립될 수 있습니다.

1. 계획 수립 단계
   - 심방 일정 및 장소를 선정합니다.
   - 심방 목표와 내용을 정리합니다.
   - 학생들이 참여할 수 있는 심방 활동을 계획합니다.

2. 실행 단계
   - 심방에서 참여자들의 발언을 존중하며, 이해하려고 노력합니다.
   - 각 참여자들이 자유롭게 의견을 제시하고, 서로 의견을 공유합니다.
   - 상호작용이 활발해지도록 유도하고, 토론과 토의를 적극적으로 진행합니다.

3. 평가 단계
   - 학생들의 참여도와 만족도를 평가합니다.
   - 학생들의 의견과 피드백을 수집하고, 개선할 점을 파악합니다.

4. 보완 단계
   - 평가 결과를 토대로, 개선할 점을 보완합니다.
   - 참여자들이 더욱 흥미롭게 참여할 수 있는 새 심방 활동을 계획하거나 수정합니다.
   - 참여자들의 피드백을 받아들이고, 다음 심방 계획을 더욱 효과적으로 수립합니다.

그림2-16

모든 일을 효과적으로 하기 위해서는 프로세스가 필요합니다.

1. 밑줄목표: '더 나은 의사소통'이라고 해 보겠습니다. 아이들과의 소통이 가장 중요하면서도 어렵기 때문입니다. (각자 상황에 맞춰 목적을 정하면 됩니다.)
2. 실행: 직접 해 보는 단계입니다. 하지만 챗GPT를 통해 시뮬레이션 해 볼 수 있습니다. 이를 이용하면 이미지 트레이닝에 도움을 얻을 수 있습니다.
3. 평가와 보완 단계: 다음에 더 좋은 만남을 위한 평가와 보완도 쉽게 진행할 수 있습니다.

01

챗GPT에게 역할을 부여하는 걸 잊지 마세요. 먼저는 다양한 정보를 얻는 프롬프트를 사용해 보겠습니다.

> 너는 지금부터 주일학교 중고등부 교사 역할을 할 거야
>
> 학생 개별 맞춤 심방 프롬프트를 작성하고 싶어. 참고할 만한 것이 무엇이 있을까? 예를 들어, MBTI for Children과 같은 성격 유형, 또 다른 아이디어를 추천해 줘

학생 개별 맞춤 심방을 위해 참고할 만한 프롬프트를 작성하는 것은 좋은 아이디어입니다. 성격 유형 및 MBTI for Children와 같은 아이디어를 기반으로 몇 가지 다른 추천을 드립니다.

1. 성경 인물 프로필: 학생들이 자신과 비슷한 성격 특성을 가진 성경 인물을 찾아, 그 인물의 이야기와 학습 내용을 공유하도록 합니다.
2. 강점 기반 접근: 강점 찾기 테스트(Gallup's Strengths Finder)와 같은 도구를 사용하여 학생들의 개별 장점을 파악하고, 이를 기반으로 각 학생의 신앙 성장을 돕는 방향으로 심방을 진행합니다.
3. 역사와 전통의 이해: 개개인의 문화적 배경과 전통에 근거하여 성경 이야기와 교훈을 연결시키는 방법을 찾습니다.
4. 목표 설정과 계획: 학생들과 함께 그들의 신앙과 성장에 대한 개인적 목표를 설정하고, 이를 달성하기 위한 계획을 수립합니다.
5. 소그룹 활동: 학생들의 성격, 관심사, 능력에 따라 소그룹을 구성하여 신앙 관련 활동을 진행하고 서로의 이야기를 나누며 성장할 수 있는 기회를 제공합니다.

이러한 방법들을 활용하여 학생들에게 개별적으로 맞춤화된 심방 프롬프트를 제공할 수 있습니다. 그러나 이러한 방법들을 적용하기 전에 학생들과 부모님의 동의를 구하는 것이 좋습니다.

02

각각의 사항 중 더 자세히 알고 싶은 내용을 설명해 달라는 요청을 합니다.

 1~4번까지 각각 자세한 예를 들어서 설명해 줘

 1. 성경 인물 프로필:
학생들에게 여러 성경 인물의 목록을 제공하고, 각 인물에 대한 간략한 정보와 성격 특성을 설명합니다. 학생들은 자신과 가장 비슷하다고 생각하는 인물을 선택하고, 그 인물의 이야기를 읽습니다. 이후 학생들과 함께 그 인물의 삶에서 얻을 수 있는 교훈과 적용 방법을 고민해 봅니다.
   예: 다윗: 용기, 충성심, 예술적 재능: 모세: 리더십, 인내심, 굳은 결심

2. 강점 기반 접근:
Gallup's Strengths Finder 테스트를 통해 학생들의 강점을 파악한 후, 그들의 강점을 활용하여 신앙 생활을 돕는 방법을 찾습니다. 예를 들어, 리더십이 강한 학생의 경우 소그룹 리더로 성장할 기회를 제공하거나, 친화력이 높은 학생에게는 교회의 다양한 사역에 참여할 기회를 부여합니다.

3. 역사와 전통의 이해:
학생들의 문화적 배경과 전통을 이해하고, 그들의 뿌리를 성경 이야기와 교훈에 연결시키는 방법을 찾습니다. 예를 들어 한국 전통에서 충성심과 효도를 강조한다면, 이를 성경 속 요나단과 다윗의 우정이나 [룻과] 나오미의 관계에 연결시켜 학생들이 이해하기 쉽게 설명합니다.

4. 목표 설정과 계획:
학생들과 함께 그들의 신앙과 성장에 대한 개인적 목표를 설정합니다. 예를 들어, 매일 기도하는 시간을 늘리기, 주기적으로 봉사 활동에 참여하기, 성경 읽기 계획을 세우기 등입니다. 이후 이 목표를 달성하기 위한 구체적인 계획을 수립하고, 주기적으로 확인하여 학생들이 목표를 향해 성장할 수 있도록 돕습니다.

03

아이들 성격 유형을 잘 파악한다면, 소통에 도움을 얻을 수 있을 것입니다.

 아이들의 성격 유형을 파악할 수 있는 방법이 있을까?

 아동의 성격 유형을 결정하는 데 사용할 수 있는 다양한 성격 평가 도구가 있습니다. 그러나 성격 평가 도구는 주의해서 사용해야 하며 아동의 성격을 결정하는 유일한 요소로 사용해서는 안 된다는 점에 유의하는 것이 중요합니다.

아동을 위해 일반적으로 사용되는 일부 성격 평가 도구는 다음과 같습니다.

1. The Myers-Briggs Type Indicator for Children (MBTI): 성인용 MBTI 평가를 개작한 것으로, 외향/내향, 감각/직관, 사고/감정, 판단/인식의 네 가지 영역에서 선호도를 평가합니다.
2. The Big Five Personality Traits (5대 성격 특성): 이 평가는 개방성, 성실성, 외향성, 친화성 및 신경증의 다섯가지 광범위한 성격 특징을 측정합니다.
3. The Children's Personality Questionnaire (CPQ) 어린이 성격 질문지: 이 평가는 감정, 활동 수준, 사교성 및 충동성을 포함하여 어린이의 성격의 9가지 차원을 측정합니다.
4. The Eysenck Personality Questionnaire for Children (EPQ-C) 어린이를 위한 Eysenck 성격 질문지: 이 평가는 성격의 세 가지 차원인 외향성, 신경증 및 정신병을 측정합니다.

이러한 평가는 심리학자나 카운슬러와 같은 훈련된 전문가가 관리하고 해석해야 한다는 점을 기억하는 것이 중요합니다. 또한 아동의 성격은 유전, 환경, 생활 경험 등 다양한 요인에 의해 영향을 받을 수 있으므로 아동의 개별적인 상황과 관련해서 고려해야 합니다.

심방 실행 단계 세우기

01

이제 심방을 실행해야 하니 MBTI for Children 유형을 구체적으로 제시하고, 주의할 점이 무엇인지 알려달라고 합니다. 챗GPT도 지적하지만, 이것을 전적으로 의존한다기 보다는 참고하여 주의할 점을 찾아봅니다.

 아이들을 심방할 때, 참고할 수 있는 MBTI for Children 유형의 실제를 예를 들어 알려 주고 [output.]
심방할 때 주의해야 하는 사항을 알려 주고 [output.]
실제 대화 시뮬레이션을 작성해 줘

프롬프트 명령어 중에 요청 사항이 많아질 때 종종 챗GPT가 순서를 무시하는 경우가 있습니다. 그럴 때 사용하는 것이 [output.] 입니다.

 예) 내용을 요약해 주고 [output.],
  순서대로 예를 들어 설명해 주고 [output],
  그 효과들 측면에서 설명해 줘

이렇게 하면 [output.] 앞까지의 내용을 일단 출력하고, 그 다음을 출력하게 됩니다.

 AI 언어 모델로서 나는 물리적 세계에서 아이들을 방문하거나 그들과 실제 대화를 할 수 있는 능력이 없습니다. 그러나 MBTI 성경 유형에 따라 아이들과 상호 작용할 때 주의해야 할 사항에 대한 일반적인 지침은 제공할 수 있습니다.

예를 들어, INTJ(Introverted, Sensing, Thinking, Judgiing)로 식별되는 아동은 구조화된 활동과 일상을 선호할 수 있으며 친숙한 사람과 상황에 더 편할 수 있습니다. 그들은 명확한 기대치와 지침을 높이 평가할 수 있으며 구조화되지 않았거나 자발적인 활동을 덜 즐길 가능성이 있습니다.

반면에 ENFP(Extraverted, Intuitive, Feeling, Perceiving)로 식별되는 아동은 창의적이고 상상력이 풍부한 활동을 즐길 수 있으며 그룹 환경에서 성공할 수 있습니다. 그들은 규칙과 구조에 덜 관심을 가질 수 있으며 보다 편안하고 유연한 접근 방식을 선호할 수 있습니다.

아이들을 방문할 때 MBTI 유형에만 의존하기보다는 개개인의 성격과 선호도에 주의를 기울이는 것이 중요합니다. 아이들과 상호 작용하기 위한 몇 가지 일반적인 요령은 다음과 같습니다.

따뜻하고 다정하게 대하십시오: 아이들은 따뜻하고 다정한 사람에게 마음을 열고 편안함을 느낄 가능성이 큽니다. 미소를 짓고, 눈을 마주치고, 그들이 말해야 하는 것에 진정한 관심을 보이십시오.
적극적으로 듣기: 아이가 말하는 것에 주의를 기울이고 아이가 말해야 하는 내용에 귀를 기울이고 관심을 갖고 있음을 보여주는 방식으로 응답하십시오.
연령에 맞는 언어 사용: 아이의 나이와 발달 수준에 맞는 언어를 사용하세요.
인내심을 갖고 융통성을 발휘하십시오: 아이들은 집중하는 시간이 짧거나 더 자주 휴식을

> 취해야 할 수 있습니다. 그들이 편안하고 몰입감을 느낄 수 있도록 인내심을 갖고 유연하게 접근하세요.
>
> 다음은 샘플 대화 시뮬레이션입니다.
>
> 교사: 안녕, 사라! 오늘 기분이 어때?
> 사라: 안녕하세요. 좋아요.
> 교사: (잘 들었어) 오늘 뭐 할래?
> 사라: 색칠하고 종이접기를 할 수 있어요?
> 교사: 물론. 우리가 사용할 재미있는 색칠 공부 책과 종이가 있어. 좋아하는 색이 있어?
> 사라: 핑크요!
> ~~~~~~

심방 실행 시뮬레이션하기

챗GPT에게 페르소나를 바꾸는 역할을 시켜 보세요. 구체적인 역할을 부여하면, 해당 역할에 맞는 대화를 잘 이끌어 낼 수 있습니다. 특히 시뮬레이션을 활용하면 역할에 따라 적절한 이야기를 잘 전개해 줍니다.

01
좀 더 구체적인 스크립트가 있으면 심방을 준비하기에 좋을 것입니다.

 MBTI 성격 유형이 INFP인 학생에게, 성경 인물 프로필을 적용해서 대화를 나누는 시뮬레이션을 작성하고, 학생 이름은 '멋쟁이'로 해 줘

멋쟁이 학생과의 성경 인물 프로필을 활용한 대화 시뮬레이션은 다음과 같습니다:

교사: 안녕, 멋쟁이! 오늘은 성경 속 인물들 중에서 너와 비슷한 성격을 가진 사람에 대해 알아보고 싶어. 네가 선택한 성경 인물이 누구인지 알려줄래?

멋쟁이: 안녕하세요! 저는 요셉이라는 인물이 저와 비슷한 것 같아요. 그의 꿈을 통해 하나님이 전하는 메시지를 이해하고 주변 사람들을 도우려 노력하는 모습이 제가 가진 상상력과 감정 세계와 잘 맞는 것 같아요.

교사: 좋아, 요셉은 정말 흥미로운 인물이야 그의 이야기를 통해 어떤 교훈을 얻을 수 있을까?

멋쟁이: 요셉은 형제들 때문에 팔리고 주인에게 모함을 받아 감옥에 갇혀 있는 동안에도 꿈 해몽을 통해 도움을 받고 결국은 애굽의 총리가 되어 가족과 백성을 구해냈어요. 그래서 저는 인내와 믿음을 갖고 하나님께 의지할 때 어려움을 이겨낼 수 있다는 것을 배웠어요.

교사: 정말 멋진 교훈이네! 그럼 요셉의 이야기를 통해 네 자신의 삶에 어떻게 적용할 수 있을까?

멋쟁이: 제가 마주하는 어려움이나 고난을 겪을 때, 요셉처럼 인내하고 믿음을 가지고 기도하며 하나님을 의지할 거예요. 그리고 제 상상력과 창의력을 활용해서 남들에게 도움이 되는 방법을 찾아볼 거예요.

교사: 멋진 생각이야, 멋쟁이! 요셉의 이야기가 너의 삶에 긍정적인 영향을 끼치길 바랄게. 앞으로도 네가 가진 장점을 활용해서 주변 사람들에게 빛이 되길 바라. 이야기를 나눠줘서 고마워!

멋쟁이: 제가 더 고마워요! 좋은 이야기를 듣고 배울 수 있어서 기뻐요. 앞으로도 이런 이야기를 계속 나누며 성장하는 시간을 갖길 바라요.

교사: 그럼 앞으로도 이런 대화를 통해 서로 더 많이 배우고 성장하는 시간을 갖자. 다음 주에는 다른 성경 인물에 대해서도 알아보고 네가 얻은 교훈을 공유해 보면 어때?

멋쟁이: 네, 좋아요! 다음 주에 다른 성경 인물에 대해서도 알아보고 교훈을 공유하는 것 기대할게요. 감사합니다!

교사: 좋아, 다음 주에 또 만나서 이야기 나누자. 그럼 이번주도 행복하고 의미 있는 시간 보내길 바랄게. 수고했어, 멋쟁이!

멋쟁이: 네, 감사합니다! 이번주도 좋은 시간 보낼게요. 다음 주에 봐요!

이렇게 성경 인물 프로필을 활용하여 INFP 성격 유형의 학생인 '멋쟁이'와 대화를 나누는 시뮬레이션을 진행할 수 있습니다. 이를 통해 학생들이 성경 인물의 삶과 교훈을 자신의 삶에 연결시키며 성장할 수 있는 기회를 제공할 수 있습니다.

02

이번에는 구체적인 케이스를 가지고 소통하는 방법을 물어보겠습니다.

 중학생 남자아이야
교회에서 혼자 외톨이로 사람들과 떨어져서 주로 스마트폰을 가지고 놀아
또래들이 적극적으로 말을 붙일 때 몇 마디 하는 것이 전부야
가끔 방송 장비 등 기계에 관심을 보인달까?
부모님은 교회의 신실한 집사님 부부이고, 별로 문제가 없어 보여
이 아이를 심방할 때 소통할 수 있는 좋은 방법을 알려 줘

 중학생 남자아이와 소통하기 위한 몇 가지 방법을 제안해 드립니다:

1. 관심사에 맞춰 대화하기:
   아이가 스마트폰과 방송 장비에 관심을 가지고 있다면, 그와 관련된 주제로 대화를 시작해 보세요. 예를 들어, 인기 있는 모바일 게임이나 앱, 혹은 최근에 발표된 기술 소식 등에 대해 이야기하며 서로의 생각을 나누는 것이 좋습니다.

2. 기계와 관련된 교회 활동 제안:
   교회에서 방송 장비나 사운드 시스템 등 기계와 관련된 봉사 기회를 제공해 주세요. 아이가 자신의 관심사를 통해 교회와 더 연결되게 하고, 적극적으로 참여하게 할 수 있습니다.

3. 소규모 그룹 활동:
   아이가 또래들과 적극적으로 대화하지 않는다면, 소규모 그룹 활동을 통해 그와 더 가까워질 수 있는 기회를 제공해 주세요. 이를 통해 아이가 또래들과 더 편안하게 소통하며 친구들을 사귈 수 있습니다.

4. 인내와 격려:
   아이가 소심한 성격을 가지고 있다면, 인내심을 가지고 그를 이해하려 노력해야 합니다. 강요하지 않고 서서히 그와 가까워지려 노력하며, 자신감을 가질 수 있도록 격려해 주세요.

5. 부모님과 협력하기:
   부모님과 협력하여 아이의 성격과 관심사에 맞는 교회 활동을 추천해 주세요. 부모님의 도움을 받아 아이가 교회에서 더 적극적으로 참여할 수 있도록 돕습니다.

6. 기도와 성경 가르치기:
   아이에게 기도의 중요성과 성경 가르치기를 통해 그의 신앙 성장을 도와주세요. 이를 통해 아이가 교회와 신앙 생활에 더 연결되고 성장할 수 있습니다.

이러한 방법들을 통해 아이와 소통하며 그와 가까워질 수 있습니다. 그리고 아이가 교회 활동에 더 적극적으로 참여하고 또래들과 소통할 수 있는 기회를 제공하여 신앙 성장을 도울 수 있습니다.

03

이번에는 이성 문제에 관한 심방을 살펴보겠습니다. 아이들이 어떻게 하면 이성에 관한 관심을 건전하게 잘 발전시킬 수 있을까요? 예민한 나이이기 때문에 드러내기 보다 좋은 친구가 될 수 있도록 조심스레 유도하는 것이 좋습니다.

 MBTI 성격 유형이 INFP인 남자 학생에게, ENTJ 여자 학생에게 관심을 가지고 있어 건전하게 서로 좋은 친구가 될 수 있도록 조언을 해 주고 싶어

 INFP인 남자 학생과 ENTJ인 여자 학생이 건전하게 좋은 친구가 될 수 있도록 도움을 주려면, 다음과 같은 조언을 해 줄 수 있습니다:

1. 서로의 성격 이해하기:
   서로의 MBTI 성격 유형에 대해 이해하고 존중하며, 그에 따른 차이점을 인정해 주는 것이 중요합니다. INFP 학생은 내향적이고 감성적인 반면, ENTJ 학생은 외향적이고 논리

적일 수 있습니다. 이러한 성격 차이를 이해하고 존중해 주세요.

2. 서로의 강점 활용하기:
INFP 학생은 따뜻한 감성과 상상력이 풍부하며, ENTJ 학생은 목표 지향적이고 리더십이 뛰어납니다. 서로의 장점을 인정하고 상호 보완적으로 활용해 서로를 도울 수 있도록 권장해 주세요.

3. 의사소통 개선하기:
서로의 의견을 경청하고 이해하기 위해 노력하세요. INFP 학생이 감정을 표현하는 데 어려움을 겪는다면, ENTJ 학생이 이를 이해하고 기다려주는 것이 중요합니다. 반대로, ENTJ 학생이 논리적인 방식으로 의사소통을 시도할 때 INFP 학생이 이를 받아들일 수 있도록 해 주세요.

4. 서로의 성장을 돕기:
INFP 학생과 ENTJ 학생이 서로의 성격과 능력을 발전시키기 위해 도움을 주세요. 서로를 격려하고 도전을 권장하며, 그 과정에서 서로의 변화를 이해하고 지지해 주세요.

04

이번엔 다른 방식으로 접근해 보겠습니다. 강점 기반 접근 방식의 심방을 진행할 때 필요한 질문을 작성해 달라고 요청합니다.

 강점 기반 접근 방식을 사용해서 심방을 할 계획이야
아이들의 강점을 쉽게 파악할 수 있는 질문 5가지를 알려 주고 [output.]
이를 통해 성경 인물과 연결시켜 설명할 수 있는 예를 알려 줘

 강점 기반 접근 방식을 사용하여 아이들의 강점을 쉽게 파악할 수 있는 질문 5가지는 다음과 같습니다:

1. 가장 기억에 남는 경험 중 하나를 말해 볼래? 그 경험에서 어떤 역할을 했어?

2. 너가 도움을 줄 수 있는 것 중 무엇이 가장 좋아? 왜 그것을 좋아해?

3. 친구들이 너에게 어떤 점에서 도움을 요청하는 것 같아?

4. 너는 어떤 일을 하면서 시간 가는 줄 모르고 몰입해?

5. 너가 자신 있게 할 수 있는 일 중 하나를 말해 볼래?

예를 들어, 한 학생이 리더십 역할을 좋아하고, 다른 사람들을 돕는 것을 즐긴다고 말했다면, 이 학생의 강점을 성경 인물 모세와 연결시킬 수 있습니다. 모세는 이스라엘 백성을 이끌고 애굽에서 벗어나기 위해 지도자로서 강력한 리더십을 발휘했습니다. 이를 통해 학생에게 자신의 강점을 활용하여 더 큰 목표를 성취하고, 다른 사람들에게 긍정적인 영향을 끼칠 수 있다는 것을 이야기해 주면 좋습니다.

05

같은 문맥에서 다른 예를 적용해 달라고 합니다.

 또 다른 예를 알려 줘

 다른 예로, 한 학생이 창의적인 사고와 문제 해결 능력이 강하다고 말했다면, 이 학생의 강점을 성경 인물 다윗과 연결시킬 수 있습니다. 다윗은 목동이자 시인이었으며, 창의력을 발휘하여 신앙과 용기를 기르고 국가를 이끌었습니다.

이 학생에게 다윗의 예를 들어, 창의적인 사고와 문제 해결 능력이 어려운 상황에서도 도움이 될 수 있음을 이야기해 주세요. 다윗이 골리앗과의 싸움에서 돌멩이와 새김끈을 사용해 이긴 것처럼, 이 학생도 자신의 창의력을 활용하여 어려운 문제를 해결하고 주변 사람들을 위한 도움이 될 수 있다고 격려해 주세요. 이렇게 하면 학생은 자신의 강점을 성경적 이야기와 연결시켜 이해하고, 더 큰 목표와 꿈을 향해 나아갈 수 있게 됩니다.

06

대화 중 학생이 돌발 행위를 하는 경우, 어떻게 해야 하는지 물어봅니다.

MBTI 유형에서 INFP인 중학생과 이야기 도중 학생이 돌발 행위를 하는 경우를 top-p 값을 0.01로 시뮬레이션하고 싶어 그리고 어떻게 대처해야 하는 지를 알려 줘

Top-p란, 다음 단어를 선택할 때의 선택 확률을 의미합니다. Top-p 값이 작을수록 높은 확률의 단어 중에서 선택하게 되어 결정론적 선택을 합니다. 이 경우, 생성된 문장은 더 일관되고 예측 가능한 결과를 가져옵니다. 하지만 창의성과 다양성이 떨어질 수 있습니다. '매우 덥다'라는 단어의 확률 30%, '덥다'라는 단어는 20%, '춥다'는 10%… 10개의 단어가 있고, Top-p 0.01이라면 맨 앞 단어만 추천되게 합니다.

반면에 Top-p 값이 1에 가까울수록 더 다양한 단어들이 샘플링 대상이 되어 창의적이고 독창적인 대답을 얻을 수 있습니다. 하지만 이 경우 문맥에 맞지 않거나 논리적으로 이상한 문장이 생성될 가능성이 높아집니다.

Top-p 샘플링의 단점은 고정된 개수의 단어만 샘플링 대상이 되므로, 변하는 분포에 적절한 단어를 선택하지 못하는 경우가 있습니다. 이런 이유로 Top-p 값을 조절하여 적절한 균형을 찾는 것이 중요합니다.

 시나리오: 주일학교 교사로서, INFP 성격 유형을 가진 중학생 멋쟁이와 대화를 나누고 있습니다. 그때 학생이 돌발 행위를 합니다.

교사: 멋쟁이야, 너가 좋아하는 성경 인물 중에서 하나를 말해 줄 수 있어?

멋쟁이: 음, 저는 다윗 왕이 좋아요. 그는 용기와 신앙심을 가진 인물이라서요.

교사: 그렇구나, 다윗 왕은 정말 멋진 인물이지. 그럼 다윗 왕과 관련된 성경 구절이나 이야기 중에서……

(갑자기 멋쟁이가 일어나서 주변 학생들의 물건을 엉망으로 만드는 돌발 행위를 합니다.)

대처 방법:
1. 진정하라고 요청하기: "멋쟁이야, 지금 이 행동을 멈추고, 여기서 나와서 조용한 곳에서 대화하자."
2. 상황을 평가하기: 학생의 행동이 무엇 때문에 일어난 것인지 파악하려고 노력하세요. 스트레스, 피로, 감정적 문제 등이 원인일 수 있습니다.
3. 감정을 인정하고 공감하기: "멋쟁이야, 지금 네가 무언가 때문에 화가 났거나 힘들어하는 것 같아. 이야기해 볼래? 내가 도와줄 수 있는 방법이 있다면 해 주고 싶어."
4. 원인을 찾아 대화하기: 학생이 돌발 행위를 한 원인이 무엇인지 찾아내고, 그에 대해 대화를 나눠 보세요. 이 과정에서 학생의 이야기를 경청하고 이해하려는 노력이 필요합니다.
5. 적절한 교훈 및 지원 제공: 상황에 따라 적절한 교훈을 제공하고, 학생이 문제를 해결할 수 있도록 도움을 주세요. 그리고 혹시 다른 전문가의 도움이 필요하다면 그들과 연결해 주세요.

이러한 대처 방법을 통해 학생의 돌발 행위를 진정시키고, 그 원인을 찾아 해결하는 데 도움을 줄 수 있습니다. 이를 통해 학생과의 신뢰 관계를 유지하고 성장을 지원할 수 있습니다.

07

좀 더 창의적으로 작성해 달라고 요청해 보겠습니다.

 MBTI 유형에서 INFP인 중학생과 이야기 도중에 학생이 돌발 행위를 하는 경우를 top-p 값 0.99로 시뮬레이션 하고 싶어. 그리고 어떻게 대처해야 하는지도 알려 줘

 시나리오: 주일학교 교사로서, INFP 성격 유형을 가진 중학생 멋쟁이와 대화를 나누고 있습니다. 그때 학생이 돌발 행위를 합니다.

교사: 멋쟁이야, 너가 좋아하는 성경 인물 중에서 하나를 말해 줄 수 있어?

멋쟁이: 음, 저는 다윗 왕이 좋아요. 그는 용기와 신앙심을 가진 인물이라서요.

교사: 그렇구나, 다윗 왕은 정말 멋진 인물이지. 그럼 다윗 왕과 관련된 성경 구절이나 이야기 중에서……

(갑자기 멋쟁이가 일어나서 농담을 하며 교사의 성경을 들어올리고 웃습니다.)

대처 방법:
1. 상황을 평가하기: 학생의 행동이 장난스러운 것인지, 아니면 다른 문제가 있는 것인지 파악하려고 노력하세요.
2. 유머 감각을 이해하고 공감하기: "멋쟁이야, 네가 웃음을 공유하고 싶었겠지만, 지금은 적절한 시기가 아닐 수도 있어. 그래도 좋은 농담이었어!"
3. 적절한 행동에 대해 안내하기: "이렇게 웃음을 공유하는 것도 좋지만, 지금은 성경 이야기를 나누는 시간이니까 진지하게 대화를 나눠 보자."
4. 대화 주제로 돌아가기: "그럼 다윗 왕과 관련된 성경 구절이나 이야기 중에서 어떤 것이 네게 가장 인상적이었어?"
5. 학생과의 관계 유지: 이런 상황에서도 학생과 웃으며 대화를 이어가면서 신뢰 관계를 유지하고 서로에게 긍정적인 영향을 줄 수 있습니다.

이러한 대처 방법을 통해 학생의 돌발 행위에 대응하고, 적절한 시기와 장소에서 웃음을 공유할 수 있도록 도와주는 것이 중요합니다. 이를 통해 학생과의 신뢰 관계를 유지하고 긍정적인 분위기를 조성할 수 있습니다.

심방의 '평가와 보완'을 위한 질문들

01
심방이 끝난 후 평가를 어떻게 할지 질문이 필요합니다.

 심방 후에 '평가와 보완'에 관한 질문을 작성해 줘

 심방 후에 진행할 수 있는 '평가와 보완'에 관한 질문들은 다음과 같습니다:

1. 심방에서 가장 기억에 남는 순간은 무엇이었나요? 그 이유는 무엇인가요?
2. 심방 중 어떤 부분이 가장 도움이 되었나요? 왜 도움이 되었다고 생각하시나요?
3. 심방 중 어떤 부분이 개선이 필요하다고 느꼈나요? 그 이유는 무엇인가요?
4. 이번 심방을 통해 학습한 내용을 어떻게 현실 생활에 적용할 수 있을까요?
5. 다음 심방에서는 어떤 주제나 활동을 진행하면 좋을 것 같나요? 그 이유는 무엇인가요?
6. 심방 과정에서 학생들과의 관계에서 어떤 변화를 느꼈나요? 어떤 부분이 긍정적이었고, 어떤 부분이 개선이 필요한지 고민해 보세요.
7. 심방 후에 학생들과의 소통이 어떻게 개선되었나요? 더 나은 소통을 위해 무엇을 할 수 있을까요?
8. 심방 중에 어떤 도전이나 어려움을 경험했나요? 이러한 도전이나 어려움을 어떻게 극복하고 성장할 수 있을까요?
9. 이번 심방 경험을 바탕으로 다음 심방을 계획할 때 어떤 점을 고려하면 좋을까요?

이러한 질문들을 통해 심방의 평가와 보완을 진행하면서, 심방의 효과를 극대화하고 앞으로의 심방 계획을 개선할 수 있습니다.

02

실제 질문들에 맞춰 답을 작성해 보고 그에 맞는 개선안을 요청할 수 있습니다.

 위 질문들에서 절반은 긍정적이고, 절반은 부정적이라고 가정하고
다음 개선안을 만들어 주되, 5가지로 압축해서 작성해 줘

 긍정적이고 부정적인 부분을 모두 고려하여, 다음 심방에서 개선할 수 있는 5가지 방안을 제시합니다.

1. 학생들의 의견 수렴: 심방 활동과 주제를 결정할 때 학생들의 의견을 적극적으로 수렴하고 반영하여, 그들의 관심사와 필요에 부합하는 심방을 제공하세요.

2. 활동 다양화: 심방 활동을 다양하게 구성하여, 긍정적인 피드백이 있던 활동들은 유지하고 부정적인 피드백이 있던 활동들은 개선하거나 대체하세요. 이를 통해 학생들이 적극 참여할 수 있는 환경을 조성합니다.

3. 소통 강화: 학생들과의 소통을 강화하기 위해, 1:1 대화 시간을 늘리고 그들의 고민이나 필요를 더 잘 이해할 수 있는 노력을 기울이세요. 또한, 학생들끼리의 소통을 촉진할 수 있는 그룹 활동이나 팀빌딩을 계획하세요.

4. 실용적인 내용 제공: 학생들이 실생활에 적용할 수 있는 실용적인 내용을 중심으로 심방을 계획하고 실행하도록 노력하세요. 이를 통해 학생들이 심방에서 얻은 지식과 경험을 현실에서 활용할 수 있도록 도와줍니다.

5. 결과 공유 및 평가: 심방 후에는 학생들과 함께 그들이 얻은 성장과 변화를 공유하고 평가하세요. 이를 통해 학생들의 성취감을 높이고 지속적인 발전을 이룰 수 있습니다. 학생들의 피드백을 수집하고 분석하여, 심방의 개선 사항을 찾아내고 지속적으로 적용하도록 노력하세요.

이러한 개선안을 통해 심방의 효과를 극대화하고, 학생들과의 관계와 소통을 지속적으로 개선할 수 있습니다.

03

실제 답변들이 작성되었다고 가정하고, 챗GPT에게 답변과 개선안을 요청합니다.

 위에서 제안한 질문들의 절반만 괜찮은 답변을 작성해 주고
다음 심방에 개선안을 만들어 줘

 절반만 괜찮은 답변을 작성하고, 그를 바탕으로 다음 심방에 개선안을 만들어 드립니다.

1. 가장 기억에 남는 순간: 아이스브레이킹 게임. 새로운 친구들과 재미있게 소통할 수 있었습니다.
2. 도움이 된 부분: 없음. 심방 내용이 학생들의 관심사와 맞지 않았습니다.
3. 개선이 필요한 부분: 학생들과의 소통 및 관심사를 고려한 활동. 학생들이 참여하지 않았기 때문입니다.
4. 현실 생활에 적용: 심방에서 배운 의사소통 기술을 통해 친구들과 더 잘 소통할 수 있었습니다.
5. 다음 주제나 활동: 없음. 학생들의 관심사와 연관된 주제 및 활동이 부족했습니다.

개선안:
1. 관심사 조사: 학생들의 관심사를 더 잘 파악하기 위해 설문조사를 진행하거나 개별 인터뷰를 통해 그들의 관심사와 필요를 파악하세요.
2. 활동 다양화: 학생들이 적극 참여할 수 있는 다양한 활동을 기획하고, 그들의 관심사를 중심으로 한 주제를 다루도록 노력하세요.
3. 소통 강화: 학생들과의 소통을 증진하기 위해 대화 시간을 늘리고, 그들의 의견을 적극 수렴하여 심방 내용을 개선하세요.
4. 그룹 활동 활용: 학생들 간의 상호 작용과 협력을 돕기 위해 그룹 활동이나 팀빌딩을 기획하고 실행하세요. 이를 통해 서로를 더 잘 이해하고 친목을 도모할 수 있습니다.
5. 성공 사례 공유: 긍정적인 피드백이 있던 부분들을 더욱 강화하고, 다른 학생들도 그러한 성공 사례를 참고하여 자신의 성장에 도움을 받을 수 있도록 정보를 공유하세요.

이러한 개선안을 통해 심방의 효과를 높이고, 학생들과의 관계와 소통을 지속적으로 개선할 수 있습니다.

정리

학생 개별 맞춤 심방 프롬프트

프롬프트 1

심방 계획 프로세스를 작성해 줘

활용

중학생 남자 [대상]
목표는 의사소통 [목표나 주제]
심방 계획 프로세스를 작성해 줘 [요청]

예시

> 우리 반은 중학생 남자 아이들 6명으로 구성되어 있어
> 목표는 의사소통이고, 심방 계획 프로세스를 작성해 줘

프롬프트 2

학생 개별 맞춤 심방 프롬프트를 작성하고 싶어

활용

너는 지금부터 주일학교 중등부 교사 역할을 할 거야 [역할 지정]
학생 개별 맞춤 심방 프롬프트를 작성하고 싶어 [용도]

참고할 만한 것이 무엇이 있을까? [용도 및 요청]
예를 들어 MBTI for children 과 같은 성격 유형 [예를 지정]

예시

> 너는 지금부터 주일학교 중고등부 교사 역할을 할 거야
> 학생 개별 맞춤 심방 프롬프트를 작성하고 싶어
> 참고할 만한 것이 무엇이 있을까?
> 예를 들어 MBTI for children 과 같은 성격 유형 활동을 원해

프롬프트 3

대화 시뮬레이션을 작성해 줘

활용

아이들 심방 [용도]
참고할 수 있는 유형, 실제, 예 [요청1]
주의 사항 [요청2]
실제 대화 시뮬레이션을 작성해 줘 [요청3]

예시

> 아이들을 심방할 때, 참고할 수 있는 MBTI for Children 유형의 실제를
> 예를 들어 알려 주고 [output.]
> 심방할 때 주의해야 하는 사항을 알려 주고 [output.]
> 실제 대화 시뮬레이션을 작성해 줘

프롬프트 4

성격 유형에 맞는 대화 시뮬레이션을 작성해 줘

활용

INFP 학생에게 [대상]

성경 인물 프로필 적용 [주제 및 내용]

대화 시뮬레이션 [요청]

학생 이름 멋쟁이 [요청- 구체적 내용]

예시

> MBTI 성격 유형이 INFP인 학생에게, 성경 인물 프로필을 적용해서 대화를 나누는 시뮬레이션을 작성하고, 학생 이름은 멋쟁이로 해 줘

프롬프트 5

소통하기 어려운 아이에게 소통할 수 있는 좋은 방법을 알려 줘

활용

중학생 남자 [대상]

혼자 외톨이, 스마트폰 집중, 몇 마디 기계에 관심을 보인다. 부모님은… [대상 구체적 설명]

이 아이를 심방할 때 소통할 수 있는 밥법 [요청]

예시

> 중학생 남자아이야
> 교회에서 혼자 외톨이로 사람들과 떨어져서 주로 스마트폰을 가지고 놀아
> 또래들이 적극적으로 말을 붙일 때 몇 마디 하는 것이 전부야
> 가끔 방송 장비 등 기계에 관심을 보인달까?
> 부모님은 교회의 신실한 집사님 부부이고, 별로 문제가 없어 보여
> 이 아이를 심방할 때 소통할 수 있는 좋은 방법을 알려 줘

프롬프트 6

건전하게 남자친구 혹은 여자친구를 사귀는 방법을 상담하도록 알려 줘

활용

INFP 학생에게 [대상]
ENTJ 여자 학생에게 관심 [대상의 관심]
건전한 좋은 친구 될수록 조언 [요청]

예시

> MBTI 성격 유형이 INFP인 남자 학생이 ENTJ 여자 학생에게 관심을 가지고 있어
> 건전하게 서로 좋은 친구가 될 수 있도록 하기 위한 조언을 해 주고 싶어

프롬프트 7

강점을 파악할 수 있는 질문과 강점을 성경 인물과 연결시켜 설명할 수 있는 예를 알려 줘

활용

강점 기반 접근 방식으로 심방 할 계획 [용도]
아이들의 강점을 쉽게 파악할 수 있는 질문 5가지를 알려 주고 [요청1]
이를 통해 성경 인물과 연결 설명의 예 [요청2]

예시

> 강점 기반 접근 방식을 사용해서 심방할 계획이야
> 아이들의 강점을 쉽게 파악할 수 있는 질문 5가지를 알려 주고 [output.]
> 이를 통해 성경 인물과 연결시켜 설명할 수 있는 예를 알려 줘

챗GPT
주일학교는
어떻게 사용할까?

LESSON _ 01	성경학교 계획 작성하기
LESSON _ 02	유초등부를 위한 성경 동화 만들기
LESSON _ 03	광고 영상 만들기
LESSON _ 04	소통 강화 그룹 활동 만들기

PART. 3

챗GPT로
여름성경학교
준비하기

LESSON _ 01

성경학교 계획 작성하기

> 챗GPT로 여름성경학교를 체계적이고 풍성하게 만들 수 있는 방법을 알아보겠습니다. 챗GPT의 장점은 대상에 따라 맞춤 계획과 내용을 만들 수 있다는 것입니다. 도메인 지식의 다양함과 풍부함 때문인데, 도메인 지식이란 특정 분야에 대한 지식을 말합니다. 이런 까닭에 챗GPT는 다양한 보조 역할이 가능하고 또한 다양한 눈높이에 맞는 내용을 작성할 수 있습니다. 3부에서는 여름성경학교의 사전 준비부터 일정과 프로그램 준비, 광고 자료 만들기 등을 다뤄 보겠습니다.

사전 준비 아이디어 만들기

먼저 사전 준비에 어떤 것이 필요한지 챗GPT에게 물어보았습니다.

 너는 지금부터 교회 여름성경학교 기획자 역할을 할 거야
여름성경학교를 준비하고 있는데, 잘 준비하려면 어떤 프롬프트가 좋을까?

01

질문 준비하기

"여름성경학교 준비를 잘하려면 어떤 프롬프트가 좋을까?"에 대한 프롬프트 질문을 얻었습니다.

> 여름성경학교를 준비하는 데 도움이 될 좋은 프롬프트는 다음과 같습니다:
>
> 1. 여름성경학교의 주요 목표는 무엇이며, 이를 달성하기 위한 전략은 무엇인가요?
> 2. 참여 학생들에게 가장 적합한 성경 이야기와 주제를 어떻게 선정하고 구성할 것인가요?
> 3. 학습자들의 나이와 배경에 맞는 참여형 교육 활동은 어떤 것들이 있을까요?
> 4. 여름성경학교 기간 동안 효과적인 시간 관리와 일정 계획은 어떻게 세울 수 있을까요?
> 5. 참가자들의 안전과 건강을 확보하기 위해 어떤 예방 조치와 대응 전략을 갖춰야 할까요?
>
> 이러한 프롬프트를 고려하여 여름성경학교를 철저히 준비하고, 참가자들에게 의미 있는 교육 경험을 제공할 수 있습니다.

02

표로 정리하기

표로 지정할 때는 들어갈 항목을 지정해 줘야 합니다. 그렇지 않으면 챗GPT가 알아서 내용을 정합니다.

> 위 주제에 맞게 테이블 표로 정리해 줘
> 항목은 주제, 키워드 3개, 예시, 역사적 시대적 링크 순서야

주제	키워드	예시	역사적/시대적 링크
여름성경학교의 목표 및 전략	목표, 전략, 계획	목표: 참가자들의 성경 지식 향상 전략: 창의적인 교육 방법 활용	성경학교의 전통과 발전 과정
성경 이야기와 주제 선정 및 구성	선정, 구성, 적합성	다니엘과 사자굴 이야기, 창조 이야기, 노아의 방주 이야기 선택	성경 이야기의 역사적 배경 및 교훈
참여형 교육 활동 구성	참여, 교육, 활동	드라마, 창작물 작성, 토론, 미션 게임 등 다양한 활동 준비	참여형 교육의 역사와 발전
시간 관리와 일정 계획	시간, 관리, 계획	수업 시간, 휴식 시간, 식사 시간 등 일정을 세부적으로 계획	시간 관리의 중요성과 역사적 배경
참가자들의 안전과 건강을 위한 예방 조치와 대응 전략	안전, 건강, 대응 전략	첫 인사, 신체검사, 긴급 연락망 구축, 식수 관리 등 예방 조치 구축	안전과 건강 관리의 역사와 시대적 변화의 영향

03

'재미있고 창의적으로' 만들기

다양한 질문을 만들기 위해 더 '창의적으로' '재미있게'라는 수식어를 붙여서 묻습니다.

 꼭 필요한 것 중에 빠진 것이나, 더 창의적이고 재미있게 하기 위한 질문을 해 줄 수 있어?

 물론입니다!
여름성경학교를 더 창의적이고 재미있게 만들기 위한 질문은 다음과 같습니다:

1. 어떤 예술 활동(노래, 무용, 미술 등)을 통해 성경 이야기를 더 생생하게 전달할 수 있을까요?

2. 참가자들의 팀워크와 소통 능력을 향상시킬 수 있는 그룹 활동은 어떤 것들이 있을까요?
3. 기존에 사용되지 않았던 기술(예: 가상 현실, 인공 지능 등)을 활용하여 교육 경험을 향상시킬 방법은 무엇일까요?
4. 참가자들이 직접 성경 가르침을 연구하고 발표하는 프로젝트를 통해 더 깊이 있는 학습을 이끌어 낼 수 있는 방법은 무엇일까요?
5. 성경학교 기간 동안 참가자들과 함께 봉사 활동을 통해 지역 사회에 기여하는 방안은 어떤 것들이 있을까요?

이러한 질문들을 고려하며 여름성경학교를 준비하시면 더 창의적이고 재미있는 교육프로그램을 기획할 수 있습니다.

여름성경학교 계획 짜기

01

사전 준비 계획 프롬프트로 작성하기

먼저, 중요한 사항, 목표 및 계획, 자료 수집 및 준비, 학습자 중심의 교육 활용, 시간 관리 등 챗GPT와 대화하면서 얻은 정보와 지식을 넣고, 교육자의 준비 사항을 작성해 봅니다.

 너는 지금부터 교회 여름성경학교 기획자 역할을 할 거야

목표 및 계획 설정: 수업 목표와 교육 계획을 세워 체계적으로 진행할 수 있다
자료 수집 및 준비: 교육 자료를 미리 수집하고 준비하여 수업 시간을 효율적으로 활용할 수 있다
학습자 중심의 교육법 활용: 학습자들의 관심과 필요에 맞춘 교육법을 적용하여 참여도를 높이고 효과적인 교육이 가능하다

시간 관리: 수업 시간과 준비 시간을 철저히 관리하여 교육 일정을 원활하게 진행할 수 있다.
꾸준한 자기 계발: 성경 지식뿐만 아니라 교육 방법론 등 다양한 분야에서 지속적으로 학습하고 성장하여 더 나은 교육자가 될 수 있다.

위의 내용을 글로 쓰고 설명하고 싶어
예시는 여름성경학교 준비 내용으로 작성해 줘
50자 정도로 마크다운으로 나타내 줘

 1. 여름성경학교 준비를 위한 교육자의 준비 사항

성경학교 교육자로서 최고의 수업을 제공하기 위해서는 목표 및 계획을 체계적으로 설정하고, 자료를 미리 수집하고 준비하여 수업 시간을 효율적으로 활용해야 합니다. 또한, 학습자 중심의 교육법을 적용하여 참여도를 높이고 효과적인 교육을 제공하며, 시간 관리를 철저히 하여 교육 일정을 원활하게 진행할 수 있어야 합니다.

성공적인 교육자로서 꾸준한 자기 계발은 물론 성경 지식 뿐만 아니라 교육 방법론 등 다양한 분야에서 지속적으로 학습하고 성장하여 더 나은 교육자가 될 수 있습니다. 이를 통해 학생들이 성경과 함께 삶을 성장할 수 있도록 최선의 노력을 다해야 합니다.

교육자의 역할은 학생들이 더 나은 세상을 만들어가는 데 기여하는 것입니다. 따라서 교육자는 성경학교에서 학생들이 성경과 하나님과 더 가까워질 수 있도록 도와주어야 합니다. 이러한 교육자의 역할을 충실히 수행하면서 성경학교를 성공적으로 마칠 수 있도록 최선을 다하겠습니다.

02

단계별 구체적 사항 계획하기

성경 본문과 목표를 명시하고, 유치부 학생 60명을 대상으로 1박 2일 캠프를 진행할 때 준비할 것이 무엇인지 단계별로 작성하도록 요청합니다.

목표는 "예수님 만나기"이고 성경 본문은 요나서야
60명의 유치부를 데리고 1박2일 캠프를 준비하고 있어
네가 말한 대로 각 단계를 구체적으로 연결해서 설명해 줘
출력 방식은 마크다운으로 해 줘

2. 여름성경학교 준비 계획

1) 목표 설정
   - 목표: "예수님 만나기"
   - 성경 본문: 요나서

2) 참가자 수 및 일정
   - 대상: 유치부 60명
   - 일정: 1박2일 캠프

3) 교육 방법
   - 학습자 중심의 교육법 활용하여 참여도 높이기
   - 교육자의 자기 계발로 더 나은 교육자가 되기

4) 계획 단계
   ① 목표 설정
   ② 참가자 수 및 일정 설정
   ③ 교육 방법 선정
   ④ 성경본문 연구 준비
   ⑤ 성경 스토리텔링, 성경 퀴즈 대회, 성경 미션 게임 등 교육 프로그램 개발
   ⑥ 교육 자료 수집 및 준비
   ⑦ 교육 계획 수립
   ⑧ 시간 관리 계획 수립
   ⑨ 교육 프로그램 실행
   ⑩ 성공적인 여름성경학교 마무리

위와 같은 단계를 구체적으로 연결하여 준비하면, 명확한 목표와 계획에 따라 원활하게 교육을 진행할 수 있습니다. 또한, 참가자 수와 일정 등을 고려하여 적절한 교육 방법과 프로그램을 선정하고, 교육 자료를 미리 수집하고 준비하여 효율적인 시간 관리와 수업 진행이 가능하도록 준비해야 합니다. 끝으로, 교육자의 자기 계발을 통해 보다 나은 교육을 제공하고, 참가자들이 예수님을 만나는 의미 있는 여름성경학교가 되기를 바랍니다.

03

일정별 계획 세우기

제안한 내용을 바탕으로 두 달 일정으로 작성해 봅니다.

 네가 위에서 제안한 대로 두 달의 일정으로 큐시트를 작성해 줘
출력은 표로 해 줘

 다음은 두 달간의 여름성경학교 준비 일정입니다.

날짜	내 용
1주차	팀빌딩 및 참가자 모집, 예산 결정
2주차	참가자 신청 마감, 필요 물품 구매
3주차	프로그램 기획 및 일정 조율, 장소 섭외
4주차	강사 초청 및 일정 확정, 교육 자료 수집
5주차	강사와 회의하여 세부 계획 수립, 프로그램 안내문 작성
6주차	교육 장비 및 시설 준비, 강사 자료 검수 및 보완
7주차	강사 연락 및 교육 프로그램 최종 보완
8주차	교육 준비 완료, 참가자 안내문 발송
9-10주차	여름성경학교 진행
11주차	후기 보고서 작성 및 발송
12주차	후속 대책 수립 및 회의

위 일정은 대략적인 예시일 뿐, 상황에 따라 변경될 수 있습니다. 따라서 준비 기간 동안 팀원들 간에 원활한 의사소통을 통해 일정을 조율하고, 항상 융통성 있게 대처하며 성공적인 여름성경학교를 마무리할 수 있도록 노력하겠습니다.

위에서 제안한 내용을 바탕으로 두 달 동안의 일정이 작성되었습니다. 챗GPT가 후기 피드백 시간까지 포함하여 일정을 구성하였습니다. 이런 내용들을 참고해서 각 교회 상황에 맞게 일정과 계획을 세워 보세요. 기한과 내용 등 얼마든지 활용이 가능합니다. 챗GPT를 잘 이용한다면 여름성경학교를 더 체계적으로 계획하고 준비할 수 있을 것입니다.

성경학교 일정 작성하기

이제 구체적인 여름성경학교 일정표를 만들어 보겠습니다. 항상 역할 설정부터 시작합니다.

 너는 지금부터 교회 여름성경학교 기획자 역할을 할 거야

여름성경학교
1박 2일 일정
대상은 유치부 60명
시간 관리와 일정 계획을 추천해 줘
활동: 성경 드라마, 성경 퀴즈 대회, 성경 미션 게임을 넣고 싶어

출발은 첫째 날 오후 1시고, 도착은 둘째 날 오후 5시야
둘째 날 아침은 8:00~9:00로 해 줘
둘째 날 13:00시에 집으로 출발할 거야

출력 양식은 표로 해 줘

시간	프로그램	인원	기타
첫째날			
13:00-13:30	출발		
13:30-14:00	버스에서 노래/성경 드라마	모든 참가자	
14:00-15:00	성경 퀴즈 대회	6개팀(각 10명)	
15:00-15:30	간식 시간	모든 참가자	
15:30-17:00	성경 미션 게임	6개팀(각 10명)	야외 활동
17:00-18:00	저녁식사	모든 참가자	
18:00-19:30	성경 드라마	모든 참가자	실내 활동
19:30-20:00	간식 시간	모든 참가자	야외 활동
20:00-21:30	밤샘 찬양 예배	모든 참가자	
21:30-22:30	자유 시간	모든 참가자	
22:30	취침	모든 참가자	
둘째날			
06:00-07:00	아침식사	모든 참가자	
07:00-09:00	성경 미션 게임	6개팀(각 10명)	야외 활동
09:00-09:30	간식 시간	모든 참가자	
09:30-11:00	성경 드라마	모든 참가자	실내 활동
11:00-12:00	성경 퀴즈 대회	6개팀(각 10명)	
12:00-13:00	점심식사 및 폐회식	모든 참가자	
집으로 출발			

성경학교 1박 2일 일정을 추천받고 싶다면 이렇게 프롬프트를 작성하면 됩니다. 내용은 될 수 있으면 구체적으로 적는 게 좋습니다. 성경 드라마, 성경 퀴즈대회, 성경 미션 게임을 넣고 싶다면 꼭 언급해 주면 좋습니다. 출발 시간이나 마치는 시간을 적어주면 반영합니다. 마지막에는 원하는 출력 양식을 넣어주는 것이 좋습니다.

TIP 정리가 잘 돼 보이는 출력 양식

- 글머리: 각 항목에 점, 숫자, 대시 등의 기호로 시작하는 것을 말합니다.
  예)

  > 글머리(List)
  > - 글머리는 순서가 있는 목록(ordered list)과 순서가 없는 목록(unordered list)으로 나뉩니다.
  > - 각 항목은 점, 숫자, 대시 등의 기호로 시작합니다.

- 표 형식: 행과 열로 구성된 표로 나타냅니다.
  예)

06:00-07:00	아침식사	모든 참가자	
07:00-09:00	성경 미션 게임	6개팀(각 10명)	야외 활동
09:00-09:30	간식 시간	모든 참가자	
09:30-11:00	성경 드라마	모든 참가자	실내 활동

- 마크다운: 일반 텍스트 문서를 HTML 문서로 변환해 주는 경량 마크업 언어로 표시합니다.
  예)

  > 긍정적이고 부정적인 부분을 모두 고려하여, 다음 심방에서 개선할 수 있는 5가지 방안을 제시합니다.
  >
  > 1. 학생들의 의견 수렴: 심방 활동과 주제를 결정할 때 학생들의 의견을 적극적으로 수렴하고 반영하여, 그들의 관심사와 필요에 부합하는 심방을 제공하세요.

'안내문' 작성하기

여름성경학교 안내문을 다음과 같이 간편하게 만들 수 있습니다.

 참가자들의 안전과 건강을 확보하기 위해 예방 조치와 대응 전략 안내문을 만들고 싶어
역시 출력은 표 양식으로 해 주고
부모님들에게 발송할 거니까 문장은 공손하게 작성해 줘

챗GPT의 결과물입니다. 출력 양식을 표로 해달라고 했지만 "안내문"이란 요청을 더 중요하게 반영한 듯합니다. (GPT3.5는 가끔 고집을 부립니다.)
안내문에 맞게 글머리표로 작성했는데 이게 더 나은 듯합니다.

 여름성경학교 안내문을 작성해드리겠습니다.

[여름성경학교 안내문]

안녕하세요. 여름성경학교를 준비하고 있는 OO교회입니다.
이번 여름성경학교에서는 참가자들의 안전과 건강을 위해 아래와 같은 사항을 준비했습니다.
1. 손 소독제 제공: 교회 내부에는 손 소독제를 비치하여 언제든지 손을 소독할 수 있도록 하였습니다.
2. 마스크 착용: 참가자들은 교회 내부에서 마스크를 착용해야 합니다.
3. 식사: 식사는 준비된 미리 포장된 식사를 제공합니다. 식사 시간에는 참가자들 사이의 거리를 유지합니다.
4 활동 시간: 교회 내부에서 활동할 때는 참가자들 간의 거리를 유지하며 진행합니다.

또한, 여름성경학교에서는 아래와 같은 프로그램을 진행합니다.
1. 성경 드라마: 성경 이야기를 드라마 형식으로 볼 수 있는 프로그램입니다.
2. 성경 퀴즈 대회: 팀별로 성경에 관한 문제를 풀며, 서로의 지식을 나누고 소통하는 기회를 제공합니다.

> 3. 성경 미션 게임: 팀별로 주어진 미션을 수행하며, 함께 동역하는 기회를 제공합니다.
>
> 참가자들은 성경학교에 참석하기 전에 아래와 같은 준비물을 준비해 주시기 바랍니다.
> • 개인 위생용품: 칫솔, 치약, 비누, 수건 등 개인 위생용품을 준비해 주시기 바랍니다.
> • 운동화: 학교 내부에서 사용할 운동화를 준비해 주시기 바랍니다.
>
> 위 내용 참고하여 성경학교에 참석하시기 바랍니다.
> 감사합니다.

다음은 해당 내용을 가지고 캔바(Canva)를 통해 만든 안내문입니다.

그림 3-1

> 활용

캔바 템플릿 활용해서 안내문 만들기

캔바는 다양한 디자인 작업 시에 사용하는 사이트입니다. (주보, 프레젠테이션, 소셜 미디어, 동영상, 인쇄 등.) 주소창에 https://canva.com을 입력하면 다음과 같은 사이트가 보입니다.

01

캔바를 처음 사용할 때

가입 버튼을 클릭합니다. 체크박스에 모두 체크한 뒤 동의 및 계속을 클릭합니다.

그림 3-2

02

소셜 계정으로 가입

Goggle로 계속하기를 클릭합니다. 물론 Facebook 계정으로 가입하셔도 됩니다.

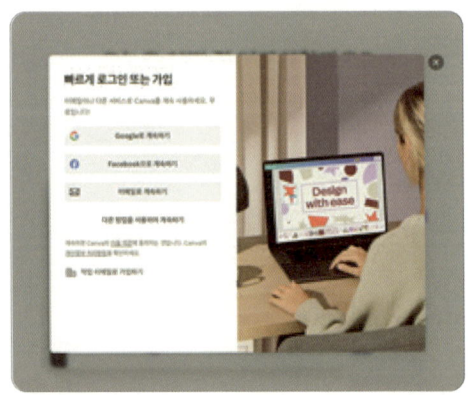

그림 3-3

03

템플릿 검색

템플릿 검색에서 사용하고자 하는 주제나 인기 디자인 검색을 누르시면 됩니다. 일단 예로 "brown erase & worship"을 입력합니다.

그림 3-4

04

아래 템플릿 중 하나를 클릭

이미지 템플릿 사용에는 유료와 무료가 있습니다. 유료 계정이 아닌 분은 무료 템플릿을 택하세요.

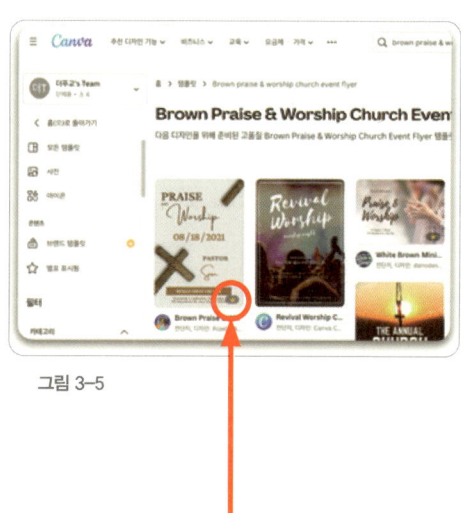

그림 3-5

오른쪽 하단에 왕관이나 원화 표시는 유료 이미지입니다.
저는 유료 도안을 사용했으나 무료 중에 마음에 드는 것을 선택하셔도 됩니다.

05
템플릿 맞춤 편집
이 템플릿 맞춤 편집을 클릭합니다.

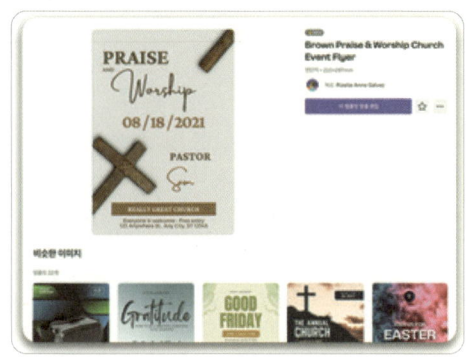

그림 3-6

06
각 필요한 부분 편집
왼쪽 메뉴를 보시면
다양한 편집 메뉴가 있으니
참고하세요.

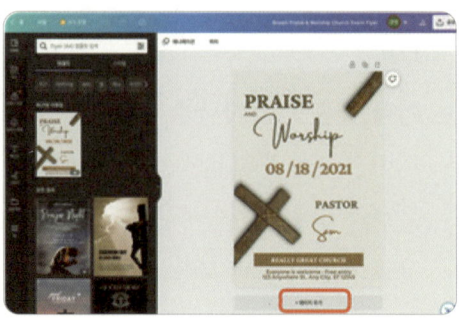

그림 3-7

07
페이지 추가
세부 사항들을 넣고
원하는 위치에
잘 들어갔는지 확인합니다.

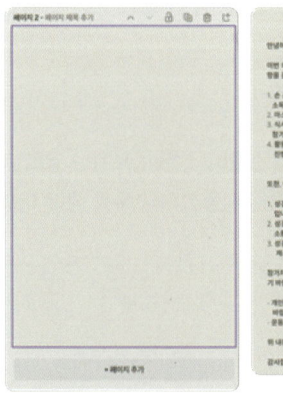

그림 3-8

챗GPT
주일학교는
어떻게 사용할까?

LESSON _ 02
유초등부를 위한 성경 동화 만들기

여름성경학교의 공과공부에 사용할 수 있는 유초등부를 위한 성경 동화를 만들어 보겠습니다. 챗GPT로 글을 작성하고 미드저니로 이미지를 만들면 됩니다.

성경 동화 만들기 프로세스

그림 3-9

1. 챗GPT 동화 작성: GPT를 활용해서 성경 동화를 써달라고 합니다. 아이디어를 얻어서 좀 더 구체적으로 완성합니다.
2. 장면 삽화: 미드저니(Midjourney) 생성 AI를 통해서 메인 캐릭터와 페이지마다 주요 장면을 생성합니다.
3. 텍스트 넣기: 캔바에서 그림에 텍스트를 넣고 완성합니다.

01
성경 동화 장면 작성을 위한 프롬프트

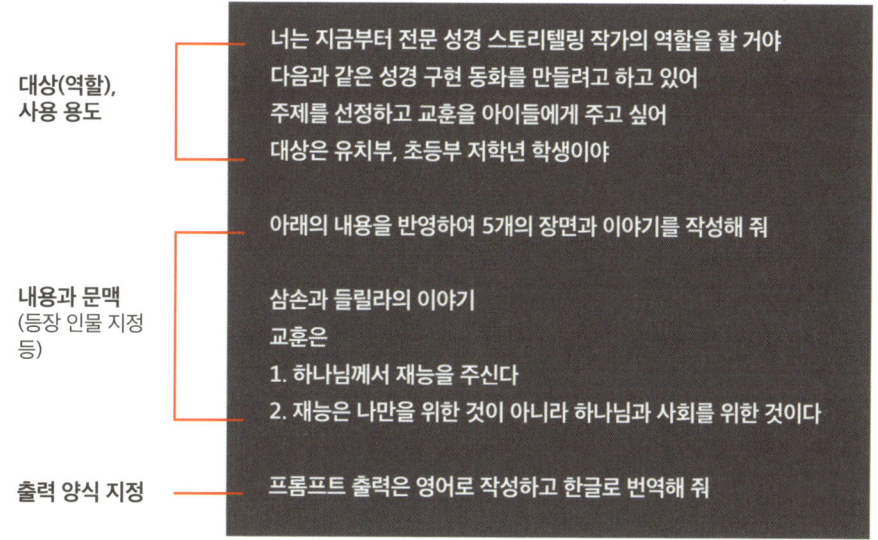

대상(역할),
사용 용도
— 너는 지금부터 전문 성경 스토리텔링 작가의 역할을 할 거야
다음과 같은 성경 구현 동화를 만들려고 하고 있어
주제를 선정하고 교훈을 아이들에게 주고 싶어
대상은 유치부, 초등부 저학년 학생이야

내용과 문맥
(등장 인물 지정 등)
— 아래의 내용을 반영하여 5개의 장면과 이야기를 작성해 줘

삼손과 들릴라의 이야기
교훈은
1. 하나님께서 재능을 주신다
2. 재능은 나만을 위한 것이 아니라 하나님과 사회를 위한 것이다

출력 양식 지정
— 프롬프트 출력은 영어로 작성하고 한글로 번역해 줘

GPT4.0의 결과물이 나왔습니다. 미드저니 프롬프트에는 영어로 넣고 결과를 번역해서 우리말을 다듬은 것입니다. 나중에 스토리 흐름을 위해 다시 세 개의 장면을 추가합니다. 총 여덟 장면입니다.

> **제목: 삼손의 모험**
>
> 장면 1: 작은 마을에서 꼬마 삼손이라는 어린 소년이 친구들과 놀고 있습니다. 어느 날 기도를 하던 중 따뜻한 빛이 자신을 비추는 것을 느낍니다. 부드러운 목소리가 속삭입니다. "어린 삼손아, 나는 너에게 특별한 선물을 주었다. 놀라운 힘. 이 선물을 다른 사람들을 돕고 세상에 선을 가져오는 데 사용해라."
>
> 장면 2: 꼬마 삼손은 곧 자신이 친구들보다 훨씬 강하다는 것을 깨닫습니다. 그는 무거운 돌을 들어 올리고, 큰 나무 다발을 운반하고, 마을 사람들을 위해 집을 짓는 것을 도울 수

있습니다. 그의 친구와 가족은 그의 힘에 놀랐고 하나님의 선물을 지역 사회를 돕기 위해 사용한 것에 대해 감사했습니다.

장면 3: 삼손이 딤나에서 블레셋 사람의 딸을 보고 마음에 들어합니다. 그래서 부모님께 아내로 원한다고 말해요. 부모님은 걱정하지만, 삼손은 그 여자가 정말 좋다고 합니다. 그런데 삼손이 그 여자를 선택한 건 블레셋 사람들을 이기려는 계획 때문이었어요. 하지만 그의 부모님은 그것이 여호와의 뜻인 줄 몰랐어요.

장면 4: 삼손은 블레셋 사람들을 물리쳤지만, 블레셋의 또 다른 여인 들릴라를 좋아했어요. 블레셋 사람들이 들릴라에게 삼손의 힘의 비밀을 알아내라고 했어요. 들릴라는 눈물을 흘리며 답을 알려달라고 부탁하지만 삼손이 거절해요. 하지만 들릴라가 날마다 조르자 마지못해 답을 알려주게 돼요. 들릴라는 그 답을 블레셋 사람들에게 전해줘요.

장면 5: 삼손이 들릴라에게 비밀을 알려준 후 블레셋 사람이 들릴라에게 돈을 주며 힘의 비밀인 머리카락을 자르라고 시켜요. 결국 삼손은 머리털 일곱 가닥이 잘리고 잡혀가게 되었어요.

교훈: 꼬마 삼손과 들릴라의 이야기는 하나님께서 우리에게 재능을 주셨고 우리는 그 재능을 단지 우리 자신의 이익을 위해서가 아니라 하나님과 다른 사람들을 위해 사회에 기여하는 데 사용해야 한다는 것을 가르칩니다.

삼손 캐릭터 만들기

01

캐릭터 프롬프트 작성을 요청합니다. 캐릭터는 어느 정도 일관성을 위해 시드(seed)를 만들기 위함입니다. 시드란 이미지를 생성하는 씨앗을 의미합니다.

미드저니라는 이미지 생성 AI에서 삼손과 들릴라 인물 이미지를 만들 수 있도록 챗GPT에게 프롬프트를 요청합니다.

각각 캐릭터에 맞는 이미지를 Midjourney에서 작성하고 싶어
Midjourney AI는 주어진 프롬프트를 기반으로 이미지를 생성해 줘
Midjourney에 대한 자세한 내용은 아래 링크를 참고해 줘
[text from : https://en.wikipedia.org/wiki/Midjourney]

인터넷 상의 문서를 참고 하고 싶을 때 다음과 같은 형식을 사용합니다.
[text from : 문서 주소]
그러나 네이버 등의 몇몇 사이트들은 읽지 못합니다.

GPT4.0 출력 결과물이 아래와 같이 나왔습니다. 역시 참고 내용을 읽지 못했네요. 그래도 각각 캐릭터의 특징을 잘 추천했습니다.

I'm sorry, but I cannot directly access external websites or verify information about specific AI platforms. However, I can help you create descriptive prompts for generating images of each character in the story of Little Samson and Delira. You can then use these prompts with the AI platform of your choice.

1. Little Samson:
"A joyful young boy with wavy brown hair and sparkling blue eyes, showcasing his incredible strength by effortlessly lifting a large boulder, wearing a simple tunic and a big smile on his face."
2. Delira:
"A beautiful girl with long, flowing black hair and captivating green eyes,

> wearing a colorful dress and a playful smile, standing beside a tree and observing Little Samson's incredible strength with curiosity."
> Feel free to modify these prompts as needed to suit your image generation requirements.

[번역] 죄송하지만 외부 웹사이트에 직접 접근하거나 특정 AI 플랫폼에 대한 정보를 확인할 수 없습니다. 하지만 꼬마 삼손과 들릴라 이야기에 등장하는 각 캐릭터의 이미지를 생성하기 위한 설명 프롬프트를 만드는 데 도움을 드릴 수 있습니다. 이러한 프롬프트를 원하는 AI 플랫폼에서 사용할 수 있습니다.

1. 꼬마 삼손
"물결치는 갈색 머리와 반짝이는 파란 눈을 가진 유쾌한 소년으로, 단순한 튜닉을 입고 얼굴에 활짝 웃으며 큰 바위를 쉽게 들어 올려 놀라운 힘을 과시합니다."
2. 들릴라
"길게 흘러내리는 검은 머리와 매혹적인 녹색 눈을 가진 아름다운 소녀, 화려한 드레스를 입고 장난스러운 미소를 지으며 나무 옆에 서서 삼손의 놀라운 힘을 흥미진진 관찰하고 있습니다."

02

미드저니 사이트(midjourney.com)에 접속해서 삼손의 캐릭터를 만듭니다.

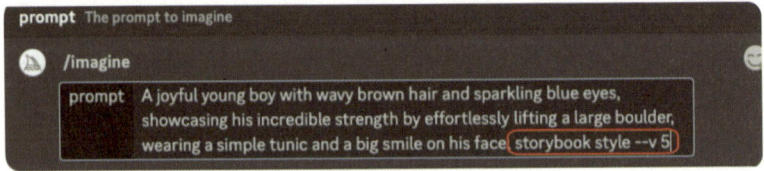

그림 3-10

챗GPT가 설명한 캐릭터 내용을 그대로 미드저니 프롬프트에 넣고 마지막에 storybook style-v 5만 추가합니다. 동화책 스타일에, 버전 v5를 사용하란 뜻입니다.

03

미드저니에서 생성된 이미지 중 마음에 드는 것을 선택하여 업스케일링합니다. 업스케일링은 512x512 기본 사이즈에서 2배로 이미지를 크게 만들면서 얼굴이나 다른 모양을 보정하는 작업입니다. 네 개의 그림 중 우측 상단에 있는 두 번째 그림이 마음에 드네요. 업스케일링 해 보겠습니다.

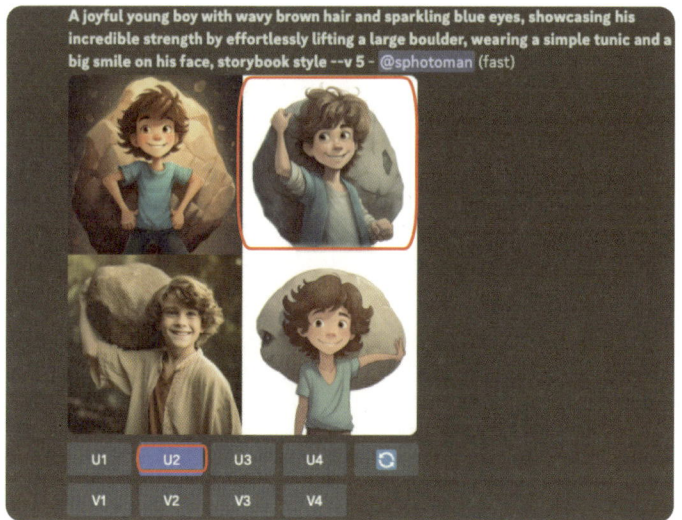

그림 3-11

그림 3-12

같은 방식으로 들릴라 캐릭터도 만들어 봅니다. 앞으로 이 둘의 이미지를 시드 삼아 또 다른 이미지를 생성할 것입니다. 앞서 말한 것처럼 시드란 이미지를 생성하는 씨앗으로, 매 생성된 이미지에는 시드 번호가 부여됩니다. 물론 똑같은 씨앗을 심는다고 똑같은 모양의 사과나무가 되는 게 아닌 것처럼 시드가 같아도 얼굴과 형태는 바뀔 수 있습니다. 다만, 그 느낌과 기본 형태의 분위기가 살아납니다.

챗GPT
주일학교는
어떻게 사용할까?

> 활용

미드저니 이미지 생성 AI 가입 및 간단한 사용법

미드저니 이미지 생성 프로그램은 프롬프트를 간결하게 넣어도 좋은 이미지를 만들어 줍니다. 이 프로그램을 사용해서 제이슨 엘렌은 2022년 8월 콜로라도 주립 박람회 미술 대회에서 디지털 아트 부분 1등을 차지하기도 했습니다.[4] (다만 유료 서비스로 전환했기 때문에 사용료를 지불해야 합니다.)

01

구글에서 미드저니를 검색하고 사이트로 들어갑니다.

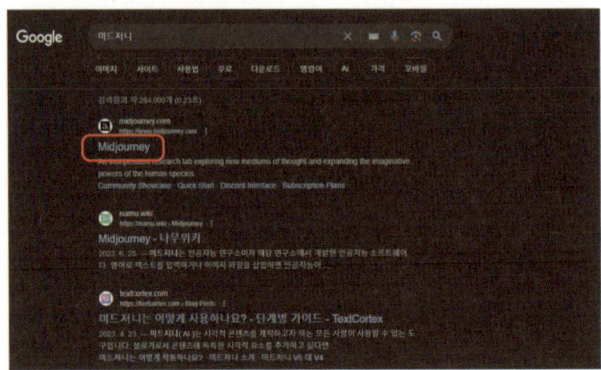

그림 3-13

02

우측 하단에 Join the beta를 클릭하고 디스코드(Discord) 계정으로 로그인 합니다. (디스코드는 음성, 채팅 등을 지원하는 메신저로, 아이디가 없는 분은 가입하셔야 합니다.)

그림 3-14

03

'초대 수락하기'를 누릅니다.

그림 3-15

04

처음 사용자는 왼쪽에서 newbies 중 하나를 선택합니다.

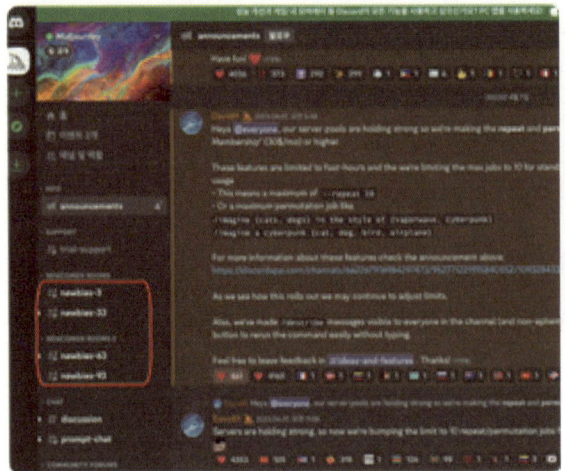

그림 3-16

05

이제 하단의 프롬프트 입력창에 /image prompt를 입력하고 원하는 이미지 프롬프트를 붙여 넣어 주세요.

그림 3-17

처음 사용해 보면, 동시에 수많은 사람이 이미지를 만들기 때문에 결과창 화면이 사정 없이 위로 올라갑니다. 나중에는 자신의 이미지가 넘어가 버려 찾기가 어려워집니다. 이를 위해 명령어 창에 아래와 같이 명령어를 넣습니다. 하단 창에 제일 먼저 /prefer auto_dm이라는 명령어 다음 엔터를 치세요. 이 명령어는 미드저니 봇이 이미지를 만들고 그 결과를 직접 나에게 보내도록 합니다.

06

출력된 이미지의 순서는 좌측에서 우측으로 매겨집니다.
아래에는 여덟 개의 메뉴가 같은 순서대로 되어 있습니다.

U- upscaling(더 화질을 확장)

V- varation(조금 변화를 주어 다시 작성)

 이 표시는 '새롭게 다시 작성하기'라는 뜻입니다.

그림 3-18

캐릭터로 장면 만들기

장면 1: 하늘로부터 온 선물 - 캐릭터 사용하기
1. Scene 1: God's Gift

In a small village, a young boy named Little Samson is playing with his friends. One day, while praying, he feels a warm light shining upon him. A gentle voice whispers, "Little Samson, I have given you a special gift — incredible strength. Use this gift to help others and bring goodness to the world."

01

미드저니에서 만든 캐릭터를 이미지의 시드로 삼아 동화 장면을 만들어 보겠습니다. 일단 마음에 드는 캐릭터를 업스케일링 해야 하는데, 저는 2번째 그림을 선택했습니다.

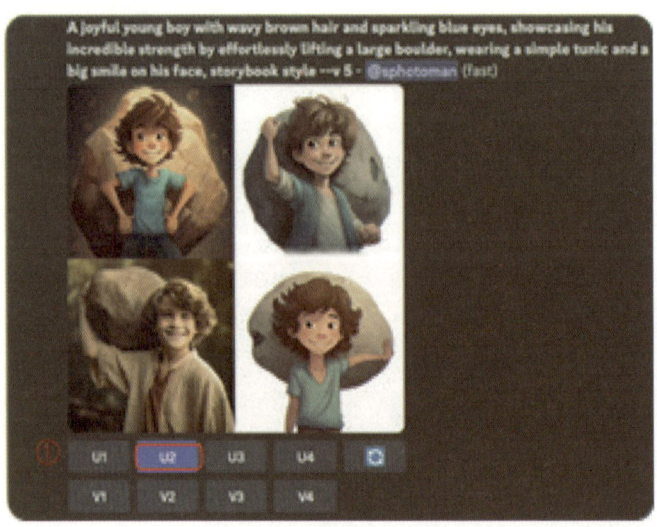

그림 3-19

02

여자 캐릭터도 같은 방법으로 만듭니다. 하나의 이미지를 업스케일링해서 만들고 나면 이미지를 클릭합니다. 왼쪽 하단의 '브라우저를 열기'를 눌러서 주소 창에 있는 이미지 주소를 복사해 놓습니다.

그림 3-20

03

왼쪽 상단의 디스코드 모양을 누른 다음, 미드저니 봇을 클릭합니다.

시드 고유 번호로 비슷한 느낌의 이미지를 만들어 낼 수 있으니, 시드 번호를 잘 복사해 놓습니다.

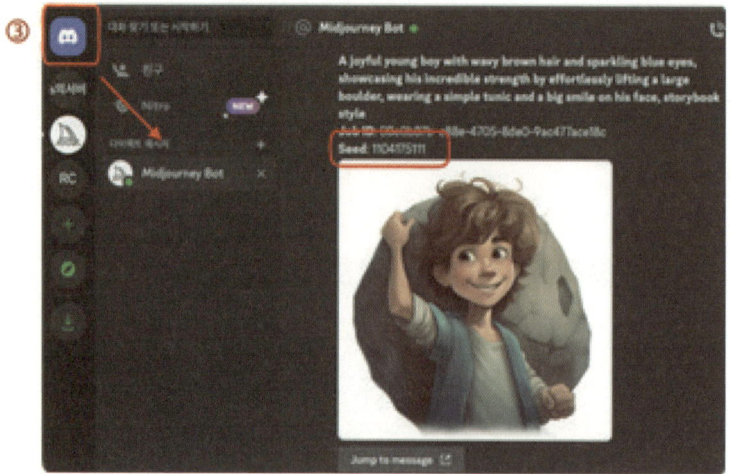

그림 3-20

04

다음과 같은 순서대로 프롬프트에 넣습니다. 1) 2단계에서 복사해 두었던 이미지 주소 2) 맨 처음 챗GPT로 만들었던 장면 1의 내용 3) —시드 숫자 —v 5 (각각은 콤마로 구분합니다.)

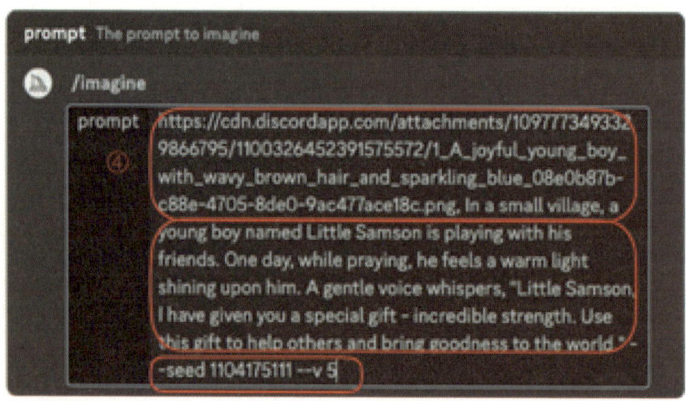

그림 3-21

한번 얻은 이미지와 똑같은 이미지는 얻지 못합니다. 대신 매번 생성할 때마다 다르게 생성되지만 비슷한 느낌과 분위기의 이미지가 생성됩니다. 이미지가 마음에 들지 않으면 업스케일링 옆에 새로고침을 눌러서 다시 만듭니다.
혹시 만일 이미지가 동화 스타일이 아닌 실사로 나온다면, —seed 앞에 `,storybook style'을 넣어주세요.

05

다음과 같이 생성되면 아래 Jump to message를 클릭해서 생성된 페이지로 이동합니다.

그림 3-22

06

두 번째와 네 번째의 것을 사용하고 싶어서 업스케일링 합니다. 업스케일링을 해야 각각의 이미지와 그 주소를 얻을 수 있습니다.

그림 3-23

07

장면 1에서 사용할 이미지 두 개가 완성되었습니다. 각각의 이미지를 클릭합니다.

그림 3-24

08

왼쪽 아래의 '브라우저 열기'를 클릭하면, 오른쪽 그림처럼 주소와 큰 이미지를 볼 수 있습니다.

그림 3-25

이미지를 우클릭해서 07번 이미지 두 개를 서로 다른 이름으로 저장하세요.

장면 2: 힘을 발견하다 – 이미지 변형
Scene 2: Discovering Strength

Little Samson soon realizes that he is much stronger than his friends. He can lift heavy rocks, carry large bundles of wood, and help build houses for the villagers. His friends and family are amazed by his gift and thank him for using it to help the community.

01

다음과 같은 순서로 프롬프트를 넣습니다. 시드 사진 주소, 장면 설명, --seed 1104175111 --v 5

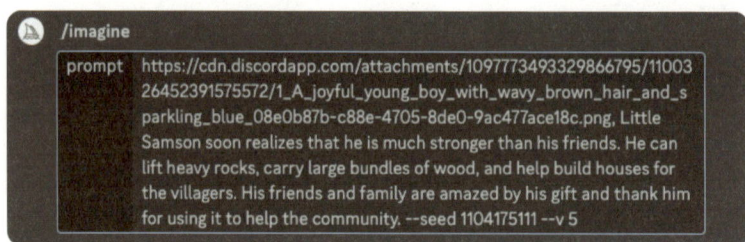

그림 3-26

02

네 개의 그림 중 4번을 선택하여 업스케일링 합니다.

그림 3-27

장면 3: 블레셋 여자와 결혼하다 – 두 이미지를 하나로 합치기
Scene 3: Marriage to a Philistine woman

Samson sees the daughter of the Philistines in Dimna and is pleased. So he tells his parents that he wants to marry her. Although his parents are worried, Samson says he likes her. Samson chose her because of his plan to defeat the Philistines. But his parents didn't know this was God's will.

01

삼손과 여자 캐릭터를 가지고 똑같은 방법으로 만듭니다. 다만 이번에는 두 개의 그림 주소를 넣고 시드 값을 넣지 않습니다. 이미지가 두 개라 잘 반영이 안되기 때문입니다.

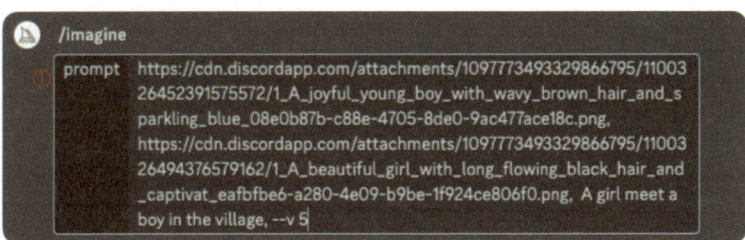

그림 3-28

02

네 개의 그림 중 3번을 선택하여 업스케일링 합니다.

그림 3-29

장면 4: 유혹 – Remix mode 사용
Scene 4: The Temptation

Samson defeated the Philistines, but he liked Delilah, another woman of the Philistines. The Philistines told Delilah to find out the secret of Samson's power. Delilah cries and asks for an answer, but Samson refuses. But as Dulala begs her every day, she reluctantly tells her the answer. Delilah gives the answer to the Philistines.

01

똑같은 방식으로 들릴라의 캐릭터를 만들고 장면 3의 시드를 넣어서 만들어 줍니다.

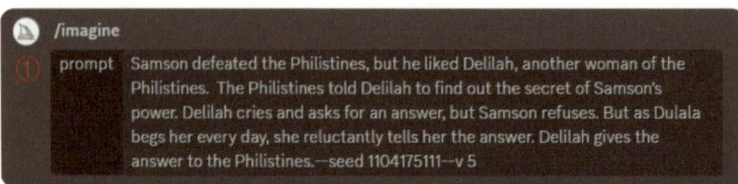

그림 3-30

02

네 개의 그림 중 두 번째가 마음에 듭니다. 하지만 삼손의 머리가 짧아서 수정해 주기로 합니다. 머리만 길게 하기 위해서 '/setting'을 넣고 Enter를 누릅니다. 그러면 다음과 같이 셋팅이 나옵니다. 리믹스 모드(Remix)를 활성화 시킵니다. 리믹스 모드란 VAE와 같이 사용하여 프롬프트 일부를 변경하거나, 모델 버전, 매개 변수들을 바꿀 때 사용하는 것입니다.

그림 3-31

03

Remix mode를 활성화한 후, V2를 선택하면 아래의 오른쪽과 같이 Remix Prompt 창이 나타납니다. 이 상태에서 프롬프트 한 줄을 줄이고 'He has long hair'를 넣습니다. 밑에는 'she with long hair'라고 잘못 입력되었는데도 알아서 이미지를 잘 만들어 주네요.

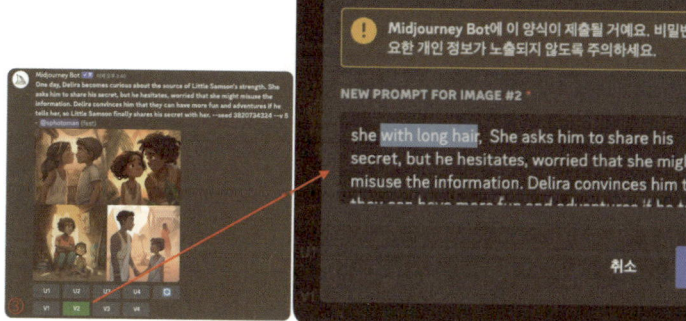

그림 3-32

04

이렇게 긴 머리로 수정한 네 개의 그림 중 3번을 선택하여 업스케일링 합니다.

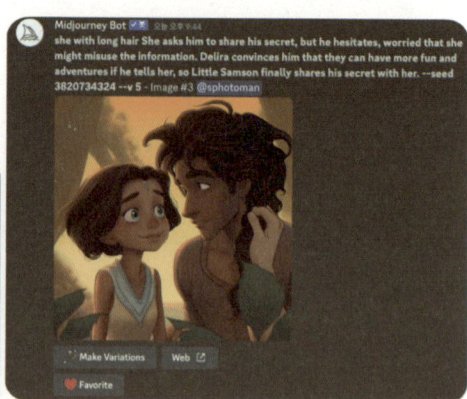

그림 3-33

장면 5: 결과에 직면하기 – 중요한 단어 강조
Scene 5: Facing the Consequences

Samson tells Delilah the secret, and then the Philistines give her money and ask her to cut his hair, the secret of power. In the end, Samson was caught with seven strands of hair cut off. Samson, who lost his power, was taken to the Philistines.

01

장면을 추가하기 위해 미드저니 프롬프트가 필요해서 챗GPT에게 요청합니다. 추가된 장면이기에 새로 요청합니다.

 ① 너는 지금부터 미드저니 프롬프트 만드는 역할을 할 거야
다음을 미드저니 프롬프트로 작성해 줘
삼손이 비밀을 누설하고 괴로워하는 장면, 출력은 영어로 작성해 줘

 Certainly! Here's a Midjourney prompt for a scene depicting Samson leaking secrets and suffering:

/imagine prompt: Samson sits on a rough-hewn chair, his hair shorn and his face lined with fatigue, while Delilah stands over him, grasping a piece of parchment in her hand and a satisfied smirk on her lips. The room is dimly lit and sparsely furnished, with shadows flickering across the walls. In the background, the sound of a distant battle can be heard. Photography, using a low-key lighting setup and a wide-angle lens to capture the gritty, claustrophobic mood of the scene, --ar 16:9

[번역] 물론이죠! 삼손이 비밀을 누설하고 고통받는 장면을 묘사한 미드저니의 프롬프트는 다음과 같습니다:

삼손은 거칠게 깎은 의자에 앉아 머리를 깎고 피로로 얼굴을 늘어뜨리고 있는 반면, 들릴라는 그 위에 서서 양피지 조각을 손에 쥐고 만족스러운 미소를 지었습니다. 그 방은 희미하게 빛나고 가구가 드문드문 놓여 있고, 벽 너머로 그림자가 깜박입니다. 배경에는 아득한 전투 소리가 들려옵니다. 장면의 투박하고 폐쇄적인 분위기를 포착하기 위해 낮은 키 조명 설정과 광각 렌즈를 사용하는 이미지 ― ar 16:9

02

위에서 추천해 주는 본문 프롬프트를 넣고 동화책 스타일을 추가합니다. 순서는 프롬프트, storybook style --seed 1104175111(삼손 캐릭터 시드)--v 5입니다.

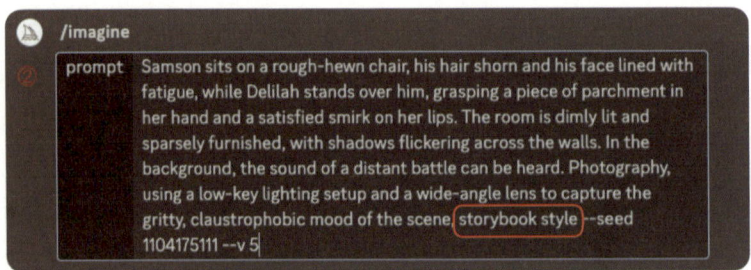

그림 3-34

03

그런데 동화책 스타일이 잘 적용되지 않고, 삼손과 들릴라가 잘 나타나지 않아서 단어 강조를 사용해 보겠습니다. 사용법은 단어나 문구 뒤에 ::를 붙이고 강조하고자 하는 배수만큼 숫자를 기입합니다. 그리고 장면 4의 시드로 바꾸어 넣습니다.

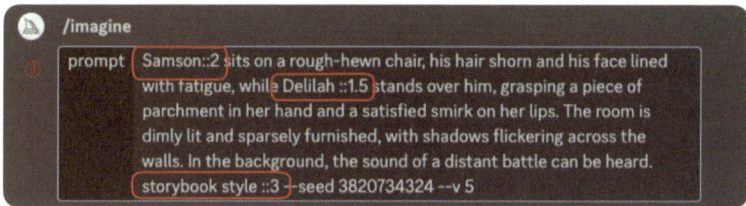

그림 3-35

 **가중치 넣기**

미드저니 프롬프트의 중요한 단어에 가중치를 줄 수 있습니다. 즉, 강조하고 싶은 텍스트를 지정할 수 있습니다. 방식은 '∷ 1'과 같이 넣으면 됩니다. 위에서 storybook styles는 3배 정도 강조, Samson은 2배, 들릴라는 1.5배 강조하란 뜻입니다. 이에 따라 삼손의 몸이 좀 더 크게 강조될 것입니다.

04

결과물 중 4번 그림을 선택하고 업스케일링 합니다.

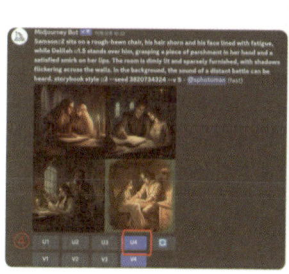
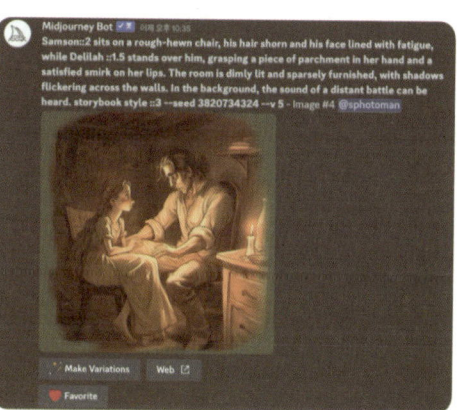

그림 3-36

장면 6: 용서를 구함 – 새로운 장면 추가
Scene 6: Seeking Forgiveness

Feeling remorseful, Samson prays for forgiveness and guidance. The gentle voice returns, reminding them of the importance of using their talents for the greater good and living according to God's word. He makes a promise to be more mindful of his actions and to follow the path of righteousness.

01

미드저니 프롬프트를 생성하기 위해 챗GPT에게 요청합니다. 역시 추가된 장면이기에 새로 요청합니다.

 ① 너는 지금부터 미드저니 프롬프트 만드는 역할을 할 거야
'삼손이 몸이 묶인 채 그 위로 빛이 떨어지는 장면을 묘사하고 있다.'
Midjourney 프롬프트로 작성해 주고 출력은 영어로 해 줘

 /imagine prompt:Samson is tied to the entrance of the amphitheatre::2, his muscles bulgins as he strains against the ropes. He is surrounded by jeering onlookers, with guards standing by to ensure that he cannot escape. In the distance, a brilliant shaft of light cuts through the dakness, illuminating Samson's face and highlighting his agony. The light creates stark shadows and intense contrasts, emphasizing the tension and drama of the scene. Painting, using a dramatic chiaroscuro technique to create a sense of heightened emotion and theatricality, --ar 9:16

[번역] 삼손은 신전의 입구에 묶여 있는데 밧줄에 힘을 주면 근육이 불거집니다. 그는 탈출하지 않도록 경계병들과 함께 구경꾼들이 비웃는 것에 둘러싸여 있습니다. 멀리서, 한 줄기 빛이 어둠을 가르고 삼손의 얼굴을 비추며 그의 고통을 강조합니다. 그 빛은 강렬한 그림자와 강렬한 대비를 만들어내며, 장면의 긴장과 극적인 장면을 강조합니다. 감정과 극치를 높이기 위해 극적인 키아로스쿠로 기법을 사용하는 그림. --ar 9:16

02

위에서 만들어 준 프롬프트를 넣고 동화책 스타일을 추가합니다. 장면 5에서 설명한 대로, 아래와 같이 강조합니다. 순서는 프롬프트, storybook style, --seed 1104175111(삼손 캐릭터 시드)--v 5입니다.

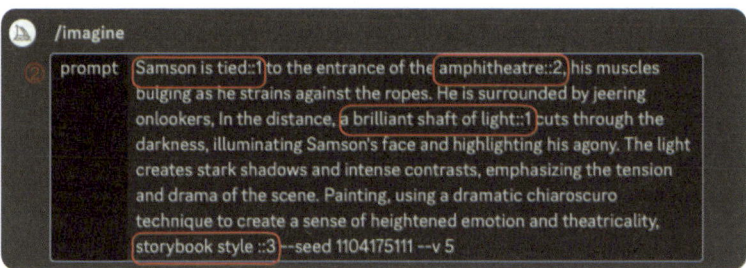

그림 3-37

03

장면 4-02처럼 /setting을 입력한 뒤에 Enter, 그리고 Remix mode를 활성화한 후에 V1을 클릭합니다.

그림 3-38

04

이 상태에서 프롬프트 중간으로(두 번째 문장 다음) 'storybook style::3'을 옮깁니다. 아래와 같이 Remix Prompt 창이 나타납니다. 조금 더 동화책 스타일을 강조하기 위해 순서를 하단에서 중간으로 옮겼습니다.

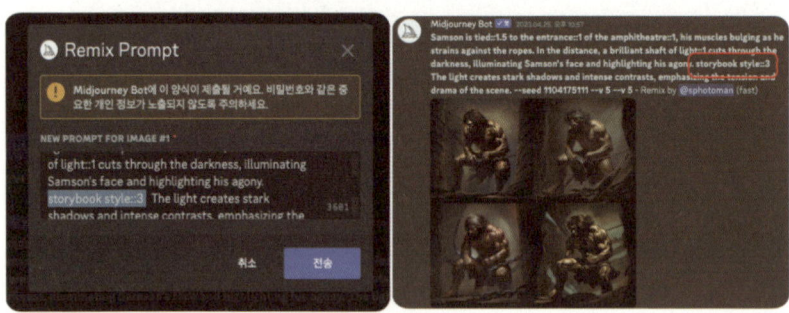

그림 3-39

05

네 개의 이미지 중 1번이 마음에 들어 업스케일링 합니다.

그림 3-40

장면 7: 삼손의 죽음 – 배경 아이디어 요청
Scene 7: Death of Samson

Samson's hair starts growing again. While the Philistines are having a festival mocking Samson, Samson stands next to the two main pillars. Samson prayed for strength to God and wanted to die with everyone, pulling on both pillars tightly. And the house collapses and Samson, along with many people, is killed..

01

챗GPT에게 "삼손이 신전의 기둥을 부수는 장면" 프롬프트를 작성해 달라고 요청했습니다. 시드는 삼손 캐릭터와 동일하게 넣습니다.

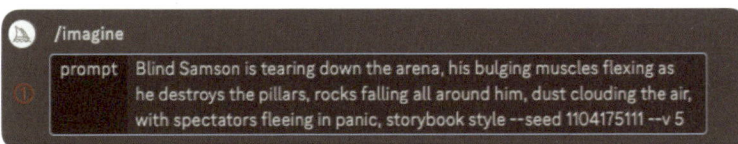

그림 3-41

02

네 개의 그림 중 3번을 선택하여 업스케일링 합니다.

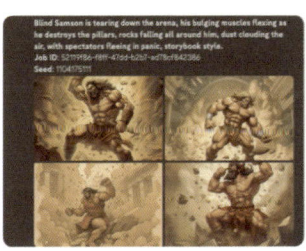

그림 3-42

장면 8: 장례식
Scene 8: The Funeral

Samson's brothers and family come down and bring his body. They bury him between Zorah and Eshtaol, in the burial place of his father Manoah. Samson served as a judge for Israel for twenty years.

01

위 내용에 맞는 프롬프트를 다시 챗GPT에게 요청하고, 그 프롬프트를 아래와 같이 작성하였습니다. 그리고 장면 4(삼손과 들릴라) 이미지의 시드 값 --seed 3820734324을 넣었습니다.

 너는 지금부터 미드저니 프롬프트 만드는 역할을 할 거야
아래 내용을 Midjourney 프롬프트로 작성해 줘

삼손의 형제와 가족들이 내려와서 삼손의 시체를 가져왔어요. 그들은 그를 소라와 에스다올 사이, 아버지 마노아의 장지에 묻었어요. 삼손은 이스라엘의 사사로서 이십년 동안 이스라엘 백성들을 이끌었어요.

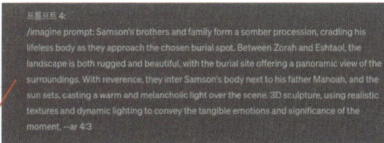
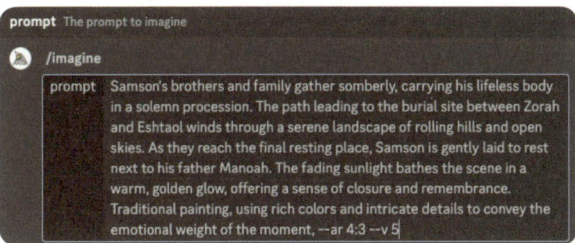

그림 3-43

TIP 글 내용으로 이미지를 만들기 적합하지 않을 때

챗GPT에게 이미 작성된 글로 미드저니 프롬프트 5개를 만들어 달라고 요청합니다. 그러면 여러 장면에 대한 묘사를 다양하게 추천해 줍니다.

02

왼쪽 네 개의 그림 중 4번을 선택하여 variation 합니다.

그림 3-44

03

우측 네 개의 그림 중 1번이 마음에 듭니다. 하지만 좀 더 동화책 스타일을 적용하고 싶어서 /setting을 넣고 Enter를 누릅니다. 그러면 아래와 같이 셋팅이 나옵니다. 리믹스 모드를 활성화시킵니다.

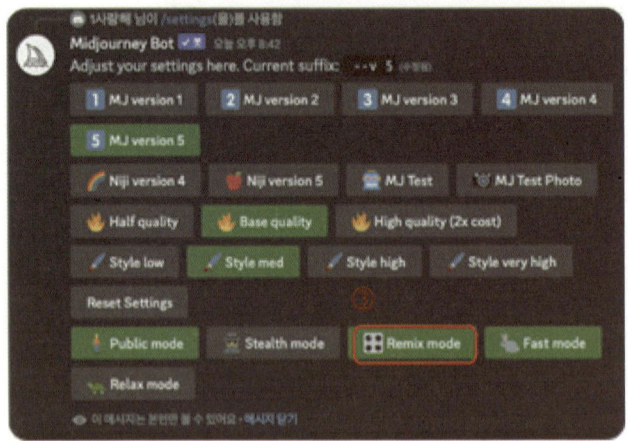

그림 3-45

04

장면 Remix mode가 활성화된 후, V1을 누르면 아래의 오른쪽과 같이 Remix Prompt 창이 나타납니다. 이 상태에서 프롬프트 한 문장 다음에 storybook style::2 (스토리북 스타일 2배 강조)를 아래와 같이 첨가합니다.

그림 3-46

05

좀 더 동화책 스타일이 적용된 결과물이 나왔네요. 네 장의 그림에서 4번이 마음에 듭니다. 이것을 업스케일링 합니다.

그림 3-47

동화 표지 만들기

표지를 순서상 가장 나중에 만드는 이유가 있습니다. 챗GPT가 주고 받은 대화의 문맥을 알고 있기 때문에, 이것에 맞는 표지를 마지막에 가장 잘 작성해 주기 때문입니다.

01

챗GPT에게 삼손과 들릴라를 잘 묘사해 달라고 합니다. 물론 미드저니에서 사용할 프롬프트를 만드는 역할입니다.

 너는 지금부터 미드저니 프롬프트 만드는 역할을 할 거야. 삼손과 들릴라를 잘 묘사해 줘 출력은 영어로 작성해 줘.

 Sure, I can help you with that. Here's a Midjourney prompt to describe Samson and Delilah:

/imagine prompt: Samson and Delilah, Samson standing tall and muscular with long hair, wearing simple clothing and a serious expression, while Delilah is standing beside him, with a seductive smile and a flowing dress, holding a pair of scissors behind her back, emphasizing the contrast between the two characters, Illustration, using warm colors and soft brushstrokes to create a romantic and nostalgic atmosphere, --ar 16:9 --v 5

[번역] 물론 제가 도와드릴 수 있습니다. 삼손과 들릴라를 설명하는 미드저니 프롬프트는 다음과 같습니다:

/삼손과 들릴라, 삼손은 긴 머리에 근육질의 큰 키에 심플한 옷을 입고 진지한 표정으로 서 있고, 그 옆에 서 있는 들릴라는 매혹적인 미소와 하늘거리는 드레스를 입고 등 뒤로 가위를 들고 있어 두 캐릭터의 대비를 강조한 일러스트, 따뜻한 색감과 부드러운 붓터치를 사용하여 로맨틱하고 그리운 분위기를 연출, --ar 16:9 --v 5

02

미드저니에서 주어진 프롬프트로 이미지를 생성합니다. 단, 삼손 캐릭터를 시드로 작성합니다.

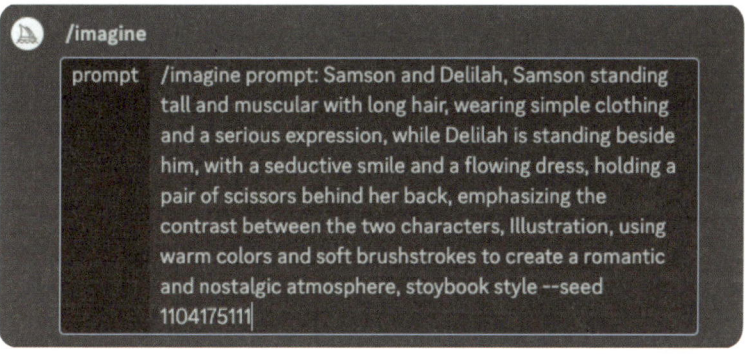

그림 3-48

03

아래 왼쪽 네 개의 그림 중 1번이 마음에 듭니다. 1번을 업스케일링하여 표지에 사용할 이미지를 만듭니다.

그림 3-49

유초등부 저학년에 맞는 메시지로 바꾸기

 01

챗GPT가 만들어 준 각 장면의 글을 조금 다듬어 보았습니다.

> **장면 1**
> 작은 마을에서 삼손이라는 어린 소년이 친구들과 놀고 있습니다. 어느 날 기도를 하던 중 따뜻한 빛이 자신을 비추는 것을 느낍니다. 부드러운 목소리가 속삭입니다.
> "어린 삼손아, 나는 너에게 특별한 선물을 주었다. 바로 놀라운 힘이지. 이 선물을 다른 사람들을 돕고 세상을 더 살기 좋게 만드는 데 사용해라."
>
> **장면 2**
> 꼬마 삼손은 곧 자신이 친구들보다 훨씬 강하다는 것을 깨닫습니다. 그는 무거운 돌을 들어 올리고, 큰 나무 여러 개를 운반하고, 마을 사람들을 위해 집을 짓는 것을 도울 수 있습니

다. 그의 친구와 가족은 그의 힘에 놀랐고 그 선물을 마을을 돕기 위해 사용한 것에 대해 감사했습니다.

장면 3
삼손이 딤나에서 블레셋 사람의 딸을 보고 마음에 들어하게 됩니다. 그래서 부모님께 아내로 원한다고 말해요. 부모님은 믿지 않는 여인이라며 걱정하는데, 삼손은 그 여자를 정말 좋아한다고 대답해요. 그런데 삼손이 그 여자를 선택한 건 블레셋 사람들을 무찌르려는 계획 때문이었습니다. 그런데 그의 부모님은 그것이 여호와의 뜻인 줄 몰랐어요.

장면 4
삼손은 블레셋 사람들을 물리쳤지만, 블레셋의 또 다른 여인 들릴라를 좋아했어요. 블레셋 사람들이 들릴라에게 삼손의 힘의 비밀을 알아내라고 해요. 들릴라는 삼손에게 답을 알려 달라고 졸라요. 삼손은 처음에는 부탁을 거절해요. 하지만 들릴라가 날마다 조르자 마지못해 답을 알려주게 돼요. 그리고 들릴라는 그 답을 블레셋 사람들에게 전해줍니다.

장면5
삼손이 들릴라와 비밀을 공유한 후 블레셋 사람이 들릴라에게 돈을 줬어요. 결국 삼손은 머리털 일곱 가닥이 잘리고 힘을 잃은 채 잡혀가게 되었어요.

장면6
삼손은 블레셋 사람들에게 놀림을 받으며 감옥에 갇혀 맷돌을 끌게 되었어요. 양심의 가책을 느낀 삼손은 용서를 구하고 하나님께 기도해요. 더 큰 선을 위해 자신의 재능을 사용하고 하나님의 말씀에 따라 사는 것이 중요하다는 걸 깨달아요. 삼손는 자신의 행동에 더 주의를 기울이고 바르게 사는 길을 따르겠다고 약속해요.

장면7
삼손의 머리털이 다시 자라기 시작해요. 블레셋 방백들은 삼손을 조롱하며 축제를 벌이는 도중, 삼손은 두 주요 기둥 옆에 서게 돼요. 삼손은 여호와에게 힘을 기도하면서 두 기둥을 꽉 잡아당기며 모두와 함께 죽기를 원해요. 그리고 그 집은 무너져 많은 사람들과 함께 삼손도 목숨을 잃게 돼요.

장면8
삼손의 형제와 가족들이 내려와서 삼손의 시체를 가져와요. 그를 소라와 에스다올 사이, 아버지 마노아의 장지에 안치해요. 삼손은 이스라엘의 사사로서 20년 동안 섬겼어요.

02

위 글 전체를 복사해서 넣고 다음과 같이 수정을 요청합니다.

 위 장면 글들을 유치부, 초등부 7살~9살 중심의 아이들 말투와 구어체로 바꿔 줘
예) 나무 다발 -> 여러 개의 큰 나무들, 했습니다 -> 했어요, 세상의 선 -> 세상을 아름답게 등

 장면 1
어느 작은 마을에 삼손이라는 꼬마가 있어. 삼손은 친구들과 즐겁게 노는데, 어느 날 갑자기 따뜻한 빛이 삼손을 비춰. 그런 다음, 부드러운 목소리가 말했어.
"삼손아, 내가 너에게 특별한 힘을 줬어. 그 힘으로 사람들을 도와주고 세상을 더 행복하게 만들어."

장면 2
삼손이 자기 힘이 정말 대단하다는 걸 알게 돼. 그는 무거운 돌도 들고, 나무도 옮기고, 집도 지어. 친구들과 가족은 그 힘에 와우! 하고 놀라.

장면 3
삼손이 딤나에서 블레셋 마을의 예쁜 여자애를 보고 좋아해. "엄마 아빠, 저 여자애랑 결혼하고 싶어요!"라고 했어. 엄마 아빠는 "괜찮겠니?"하고 걱정했지만, 삼손은 그 여자애를 너무 좋아해. 근데, 이건 블레셋을 무찌르려는 삼손의 비밀 계획이었어.

장면 4
블레셋 사람들을 이긴 삼손은 또 다른 예쁜 여자, 들릴라를 좋아해. 블레셋 사람들이 들릴라에게 "삼손이 어떻게 그렇게 강한지 알아봐!"라고 했어. 들릴라는 삼손에게 계속해서 "힘의 비밀이 뭐야?"하고 물어. 삼손은 결국 들릴라에게 그 비밀을 알려줬어.

장면 5
비밀을 알려준 뒤, 블레셋 사람들에게 돈을 받기로 한 들릴라가 삼손의 머리를 잘라! 그러자 힘을 잃은 삼손은 블레셋 사람들에게 잡혀갔어.

장면 6
블레셋 사람들 앞에서 삼손은 놀림을 받으며 줄에 묶여 큰 맷돌을 돌렸어. 삼손은 슬퍼하며 "하나님, 미안해요." 하고 용서를 구해.

> 장면 7
> 삼손의 머리가 다시 자라기 시작해! 하루는 블레셋 사람들이 삼손을 조롱하면서 파티를 벌였어. 삼손은 하나님께 한 번만 다시 힘을 달라고 기도해. 그러고 나서 갑자기 큰 기둥 두 개를 꽉 잡아당겼더니! 큰 집이 꽈광! 무너지고 많은 사람들이 죽었어. 삼손도 함께였어.
>
> 장면 8
> 삼손의 형제들과 가족들이 와서 삼손을 찾아냈어. 그들은 삼손을 그의 아버지의 곁에 묻어 줬어. 삼손은 이스라엘 백성들을 20년 동안 이끌고 도와줬어.

바꾸고 나니 그렇게 마음에 들지는 않네요. 꼭 챗GPT가 써 준대로 쓸 필요는 없겠죠? 대본은 작가의 몫이니까요. 내용을 토대로 팩트 체크와 함께 필요한 부분을 잘 강조해서 전하시길 바랍니다.

활용

캔바 템플릿으로 동화 만들기

앞에서 다뤘던 캔바를 통해 템플릿으로 동화를 만들어 보겠습니다. https://canva.com 사이트에 접속합니다.

01

로그인 하기

소셜 계정으로 로그인합니다. 계정이 없다면, 이전에 캔바 템플릿 활용해서 안내문 만들기를 참고해 가입하세요.

그림 3-50

02

템플릿 검색

가입 및 로그인을 마쳤다면 템플릿을 검색해 사용하고자 하는 주제나 인기 디자인을 찾아봅니다. 예를 들어 "fairy stories"를 입력합니다.

그림 3-52

03

템플릿 중 하나를 클릭하기

유료와 무료가 있습니다.
유료 계정이 아닌 분은
무료 템플릿을 선택하세요.
1:1 크기인 'Fairy Stories'라고
쓰인 템플릿을 선택해 봅니다.

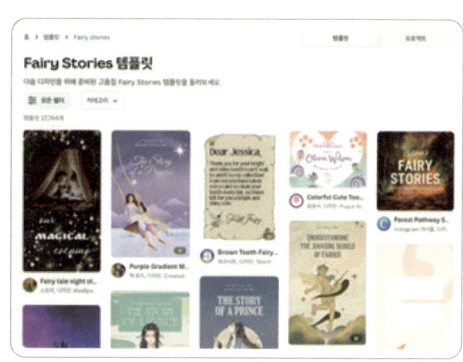

그림 3-53

04

템플릿 맞춤 편집

이 템플릿 맞춤 편집을 클릭하면
수정할 수 있는 화면이 나타납니다.
기존 템플릿에 우리가 만든
표지 이미지를 넣어보겠습니다.
왼쪽에 업로드 항목 선택에서
미리 만들어 놓은 표지 이미지를
업로드합니다.

그림 3-54

05

**표지 만들기
– 이미지 간단하게 편집**

우리가 만든 표지 이미지가 삽입됐다면, 마우스로 모서리를 잡아서 전체로 늘리겠습니다. 그리고 글자 아래 돌림 표시를 잡아서 글자를 기울여 봅니다.

그림 3-55

06

두 개의 이미지 배치

사진을 2장 올려놓고 아래 사진을 클릭하면 위처럼 투명도를 조정할 수 있습니다.

그림 3-56

07

이미지 이야기 입히기

왼쪽 텍스트 메뉴를 클릭하고 위치를 잡은 뒤 챗GPT가 작성해 준 이야기를 넣습니다. 페이지 추가 후 동일한 방식으로 작업해서 동화를 완성합니다.

그림 3-57

부록

「삼손의 모험」 성경 동화

완성된 성경 동화는 '미래목회전략연구소' 홈페이지(https://futuresms.org)와 유튜브 채널(https://www.youtube.com/@futuresms)에서도 보실 수 있습니다.

어느 작은 마을에 삼손이라는 꼬마가 있어.
삼손은 친구들과 즐겁게 노는데,
어느 날 갑자기 따뜻한 빛이 삼손을 비춰.
그런 다음, 부드러운 목소리가 말했어.

"삼손아, 내가 너에게 특별한 힘을 줬어.
그 힘으로 사람들을 도와주고 세상을 더 행복하게 만들어."

삼손이 자기 힘이 정말 대단하다는 걸 알게 돼.
그는 무거운 돌도 들고, 나무도 옮기고, 집도 지어.
친구들과 가족은 그 힘에 와우! 하고 놀라.

삼손이 딤나에서 블레셋 마을의 예쁜 여자애를 보고 좋아해.
"엄마 아빠, 저 여자애랑 결혼하고 싶어요!"라고 했어.
엄마 아빠는 "괜찮겠니?"하고 걱정했지만,
삼손은 그 여자애를 너무 좋아해.
근데, 이건 블레셋을 무찌르려는 삼손의 비밀 계획이었어.

블레셋 사람들을 이긴 삼손은 또 다른 예쁜 여자, 들릴라를 좋아해.
블레셋 사람들이 들릴라에게 "삼손이 어떻게 그렇게 강한지 알아봐!"라고 했어.
들릴라는 삼손에게 계속해서 "힘의 비밀이 뭐야?"하고 물어.
삼손은 결국 들릴라에게 그 비밀을 알려줬어.

비밀을 알려준 뒤, 블레셋 사람들에게 돈을 받기로 한 들릴라가 삼손의 머리를 잘라! 그러자 힘을 잃은 삼손은 블레셋 사람들에게 잡혀갔어.

블레셋 사람들 앞에서 삼손은 놀림을 받으며 줄에 묶여 큰 맷돌을 돌렸어. 삼손은 슬퍼하며 "하나님, 미안해요." 하고 용서를 구해.

삼손의 머리가 다시 자라기 시작해!
하루는 블레셋 사람들이 삼손을 조롱하면서 파티를 벌였어.
삼손은 하나님께 한 번만 다시 힘을 달라고 기도해.
그러고 나서 갑자기 큰 기둥 두 개를 꽉 잡아당겼더니!
큰 집이 꽈광! 무너지고 많은 사람들이 죽었어. 삼손도 함께였어.

삼손의 형제들과 가족들이 와서 삼손을 찾아냈어.
그들은 삼손을 그의 아버지의 곁에 묻어줬어.
삼손은 이스라엘 백성들을 20년 동안 이끌고 도와줬어.

챗GPT
주일학교는
어떻게 쓸까?

LESSON _ 03

광고 영상 만들기

성경 동화로 아이들과 함께 공과를 나눈 후, 여름성경학교 광고를 한다고 가정해 봅시다. 가장 잘 전달할 수 있는 방법이 무엇일까요? 성경 동화에서 나온 캐릭터가 나와서 광고를 한다면, 아이들이 좋아할 것입니다. 그래서 삼손 캐릭터로 광고 영상을 만들어 보겠습니다. 이미 문구가 있고, 두 가지 툴을 조금 사용하면 쉽고 간편하게 만들 수 있습니다.

성경학교 광고 영상 만들기 프로세스

자신의 광고 문구가 있으면 생략

프롬프트 작성

챗GPT를 활용해서 프롬프트를 추천
(광고 스크립트 및 인물)

음성 만들기

Vrew에서 스크립트 자막을 넣고 음성을 선택합니다.

영상 만들기

Studio D-ID에 준비된 이미지와 스크립트를 넣고 이미지와 음성을 만듭니다.

자막 만들기

이미 만들어진 영상에 스크립트 자막을 넣고 전체 영상을 완성합니다.

그림 3-58

이제 광고 스크립트를 작성해 보겠습니다.

 여름성경학교 1박 2일 일정

주제: 하나님의 말씀대로 살아요.
목표: 성경 지식 향상, 신앙공동체 경험, 신앙 실천 강조, 창의력과 표현력 발휘, 다양한 의사소통 개발, 친교
대상: 유치부, 초등부 저학년 60명
활동: 성경 드라마, 성경 퀴즈 대회, 성경 미션 게임 같은 내용으로 여름성경학교 1박 2일을 하려고 하는데 광고는 어린이들에게(7~9세) 할 거고, 꼬마 삼손 캐릭터가 이야기하는 형식이야 출력 양식은 3분 정도 유튜브 스크립트로 형식으로 작성해 줘

챗GPT가 만들어 준 스크립트입니다. 그중 삼손의 대사만 추출한 것입니다.

 안녕, 친구들! 난 꼬마 삼손이야! 이번 여름, 너희들과 함께 여름성경학교에서 즐거운 모험을 떠나고 싶어. 우리가 함께 성경 속 이야기를 배우고, 하나님의 말씀대로 어떻게 살아갈 수 있는지 배울 거야.

여름성경학교에는 성경 드라마, 성경 퀴즈 대회, 성경 미션 게임 등 다양한 활동이 있어. 성경 이야기를 창의적으로 표현하고, 성경 지식을 시험해 볼 수 있어! 게임을 하면서 성경 속 이야기를 배울 수도 있지!

여름성경학교에서는 신앙공동체 경험을 할 수 있어. 친구들과 창의력과 표현력을 발휘하면서, 다양한 의사소통도 배워볼 수 있어. 무엇보다 친구들과 즐거운 시간을 보낼 수 있단다!

그럼 이제부터 여름성경학교에서 함께 할 활동들에 대해 좀 더 자세히 알아볼까?

첫 번째로, 성경 드라마야. 성경 속 이야기를 재밌는 연극으로 만들어 보여줄 거야. 친구들과 함께 연기하고, 다른 친구들의 연극을 감상하면서 신앙 생활에 대해 더 잘 이해할 수 있어.

두 번째는, 성경 퀴즈 대회야! 성경 지식을 퀴즈 형식으로 풀어보는 시간이 있어. 재미있게 경

쟁하며 성경 지식을 키울 수 있어. 상품을 받을 수 있는 기회도 있으니 열심히 참여해 봐.

마지막으로, 성경 미션 게임이 있어! 다양한 미션을 수행하며 성경 속 이야기를 배우고, 친구들과 협력하며 목표를 달성해 볼 수 있어. 이런 게임들을 통해서 친구들과 더 가까워지고, 하나님의 말씀을 더 잘 이해할 수 있게 돼.

여름성경학교에서는 그 외에도 다양한 친구들과 함께 놀고, 배울 수 있는 시간이 있어. 너희들이 어떤 이야기를 듣고, 어떤 활동을 할지 기대되지 않아?

그럼 이번 여름, 여름성경학교에서 만나자! 함께 즐거운 시간을 보내며, 하나님의 말씀을 배워보자. 기다릴게! 안녕~!

Vrew 영상 편집기 – 음성 만들기

01

Vrew 검색(vrew.voyagerx.com/ko/) 프로그램을 다운로드하고 실행합니다.

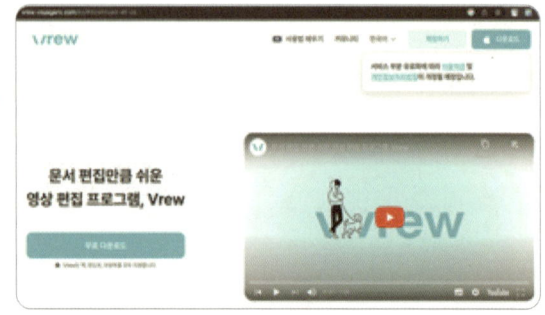

그림 3-58

02

새로 만들기 클릭

'AI 목소리로 시작하기'를 선택합니다.

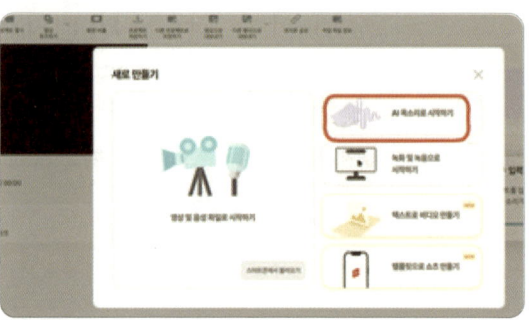

그림 3-59

03

스크립트 넣기

박스 안에 여름성경학교 광고 스크립트를 넣습니다.

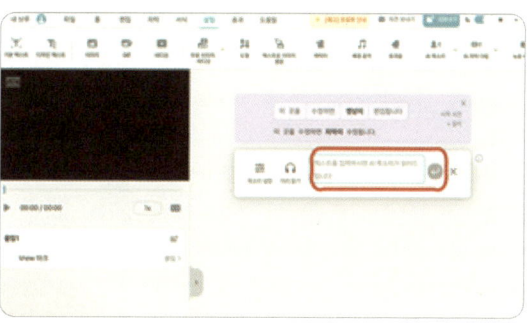

그림 3-60

04

엔터 클릭

오른 쪽 하단에 Enter 키 모양을 누르고 자막을 나누고 인식할 때까지 기다립니다.

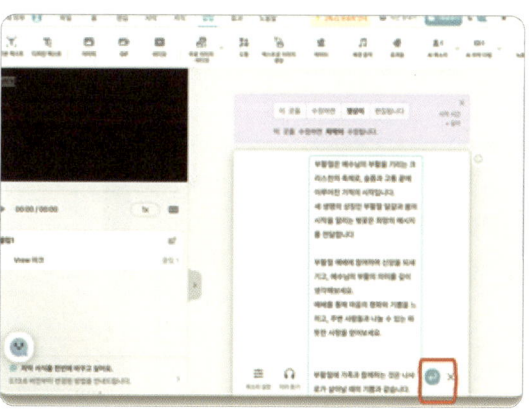

그림 3-61

05

목소리 수정

개별 클립 목소리 수정을 눌러 수정합니다.

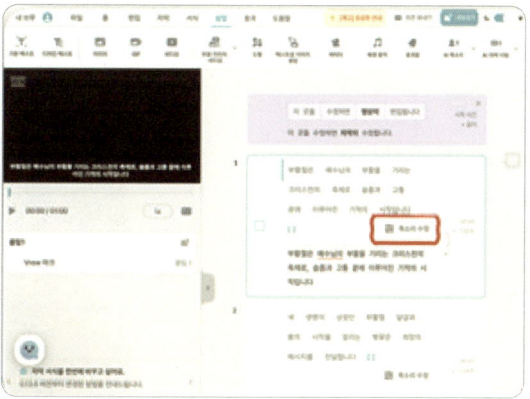

그림 3-62

06

목소리 선택

소리를 선택하고
미리 듣기를 합니다.

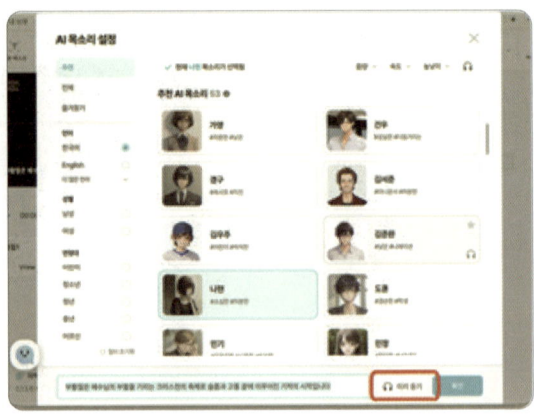

그림 3-63

07

확인 클릭

마음에 드는 AI 목소리를
찾았다면 확인을
클릭합니다.

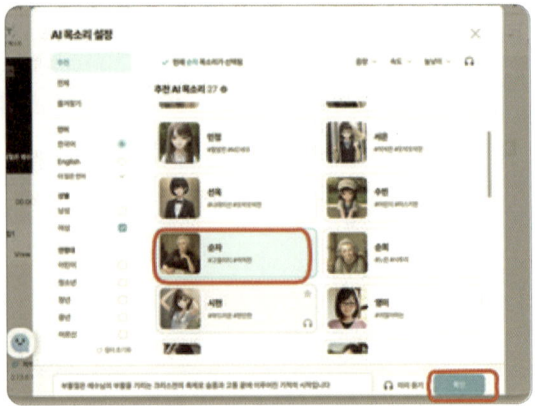

그림 3-64

08

전체 듣기

선택한 목소리를
전체 스크립트로 들어봅니다.

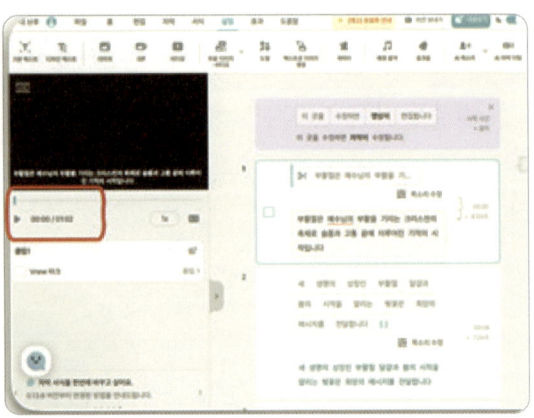

그림 3-65

09

목소리 전체 적용

자막창 전부를 체크하고
목소리 수정을 눌러
전체 목소리를 적용합니다.

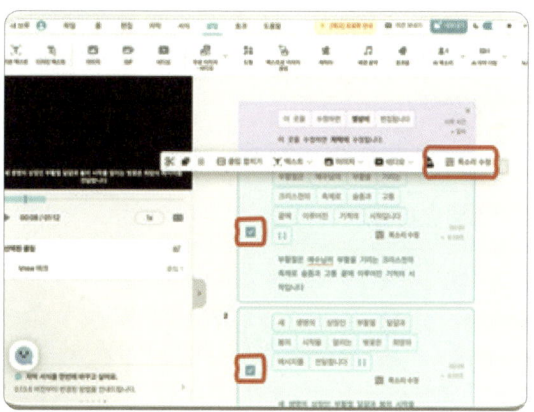

그림 3-66

10

목소리 확인

음성이 잘 적용되었는지
확인합니다.

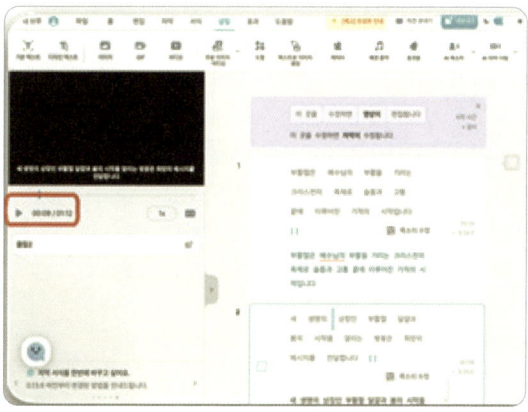

그림 3-67

11

내보내기

우측 상단 내보내기 버튼을
누릅니다.

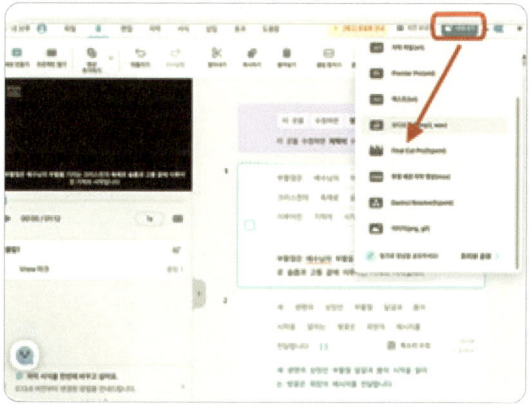

그림 3-68

12
저장하기
전체 클립과 mp3를 선택합니다.

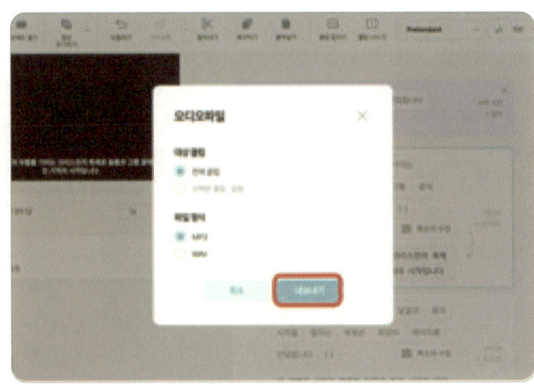

그림 3-69

13
확인
확인을 선택하면 다운로드 됩니다. 처음 사용하시면 코덱을 설치해야 합니다. FFmpeg(코덱)를 다운로드합니다.

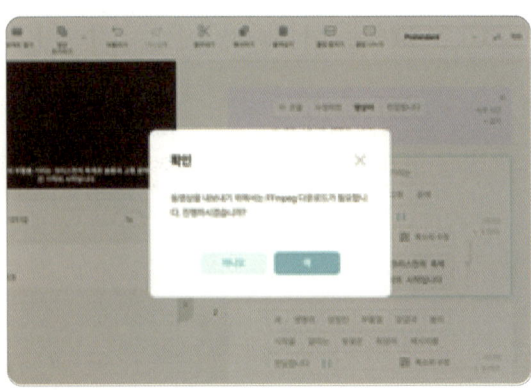

그림 3-70

14
목소리 확인
음성, mp3, 파일 위치를 정하고 저장 버튼을 누릅니다.

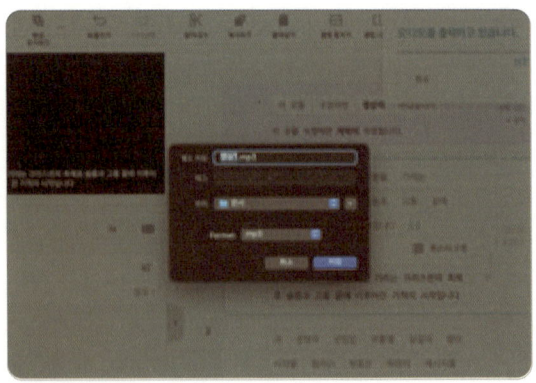

그림 3-71

15

내보내기

mp3 내보내기를
하였습니다.
폴더 열기를 합니다.

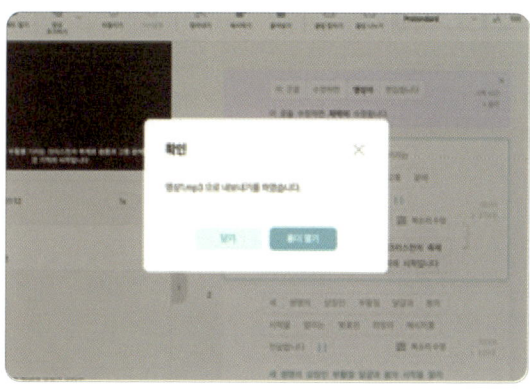

그림 3-72

16

확인

음성을 들어봅니다.

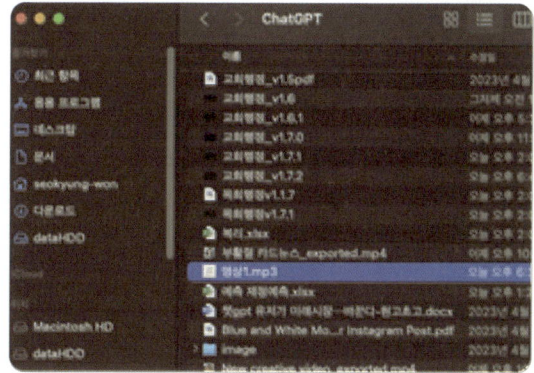

그림 3-73

Studio D-ID로 영상 만들기

01

Studio D-ID 검색(studio.d-id.com)

사이트에서 오른쪽 audio 버튼을 누르고, Upload yor own Voice를 눌러서 앞에서 녹음한 MP3를 올립니다. 업로드 되면 눌러서 음성을 확인합니다.

그림 3-74

02

새로 만들기 클릭

마음에 들지 않으면 Vrew에 들어가서 다른 목소리로 바꿉니다. 마음에 들면, 오른쪽 상단 GENERARTE VIDEO 버튼을 클릭해서 생성합니다.

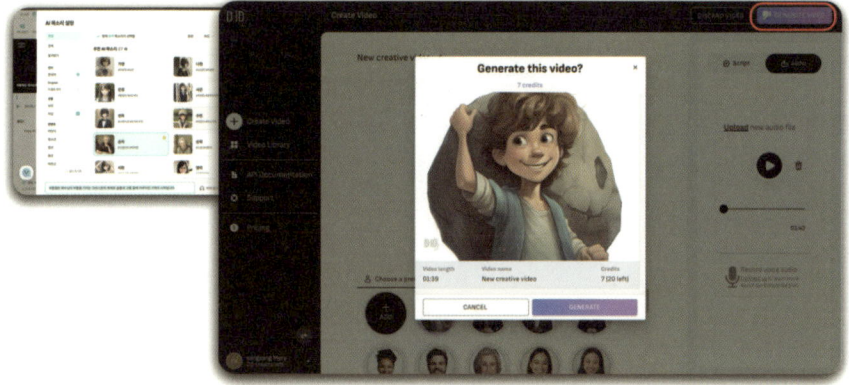

그림 3-75

Vrew 사용하여 자막 넣기

01

Vrew 새로 만들기
새로 만들기를 선택하고
만든 영상을 입력해 줍니다.

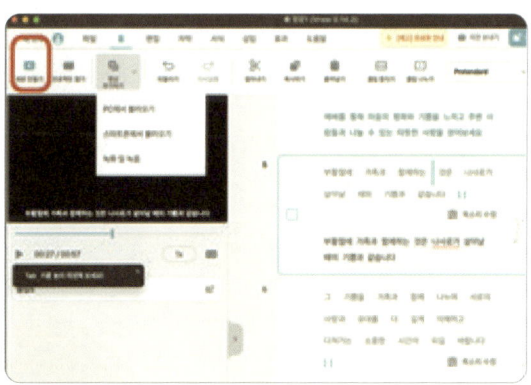

그림 3-76

02

한국어 선택하기

언어를 한국어로 선택하고,
고급 설정, 원고 불러오기
– 스크립트를 넣습니다.

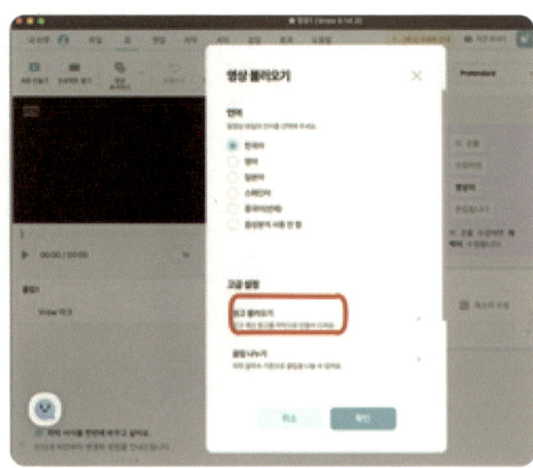

그림 3-77

03

재생하여 확인

재생을 눌러서
자막을 확인합니다.
확인 후 내보내기 합니다.

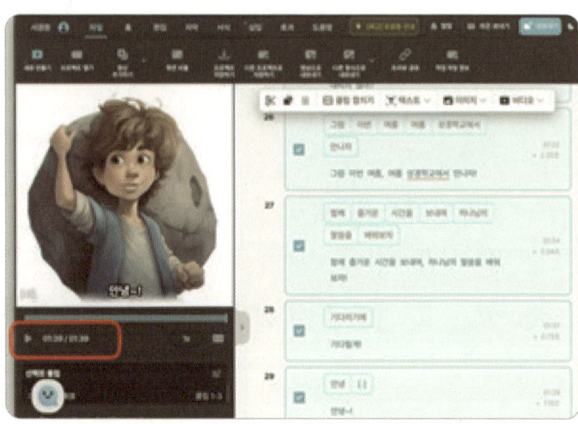

그림 3-78

04

엔터 클릭

해상도, 화질,
하드웨어 가속(그래픽카드)을
선택하고 내보내기
버튼을 클릭합니다.

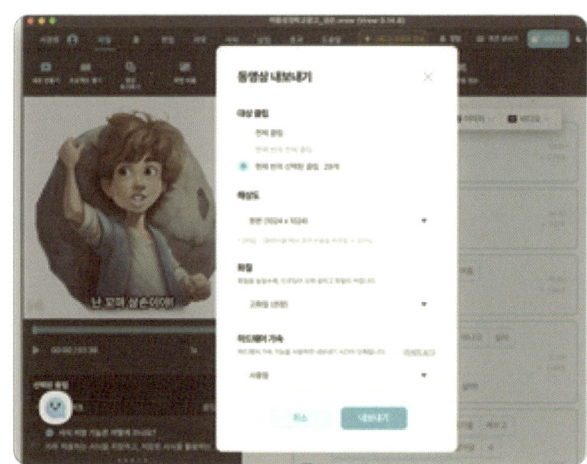

그림 3-79

05

**여름성경학교
광고 완성**

그림 3-80

3. LESSON_03 광고 영상 만들기 —— 189

LESSON _ 04

소통 강화 그룹 활동 만들기

코로나 19로 인해 우리의 일상이 많이 변했습니다. 아이들에게도 영향을 미쳐서 친구들과 만나지 못했고, 온라인 수업을 듣는 경우도 많았습니다. 이런 환경 속에 소통과 팀워크의 중요성을 느끼기 힘들었던 최근입니다. 여름성경학교를 통해 함께하는 기쁨을 알게 된다면 어린 친구들에게 큰 도움이 될 것입니다. 서로 협력하고 소통하는 능력을 키우며 타인을 이해하고 배려하는 것의 가치를 발견할 수 있는 성경학교가 되길 바랍니다.

아이스 브레이크용 게임 만들기

01

'팀워크와 소통'을 향상시키기 위해 팀빌딩 게임을 이용할 수 있습니다. 처음의 어색함을 달랠 수 있는 아이스 브레이크용 게임을 준비해 보겠습니다. 구체적인 예로 나타내 달라고 요청합니다.

> 팀빌딩 게임: 다양한 팀빌딩 게임을 통해 학생들의 팀워크 및 의사소통 기술을 향상시킵니다. 예를 들어 문제 해결 게임이나 임무 중심 게임을 사용할 수 있습니다.

> 위에서 언급한 내용이 나와서 말인데, 실제 구현 예를 작성할 수 있어?
> 내 질문을 제대로 이해하지 못했다면 다시 질문해 줘

> 당신이 언급한 팀빌딩 게임을 통해 학생들의 팀워크와 커뮤니케이션 능력을 향상시키기

> 위한 구체적인 예시를 작성해 드리겠습니다.
>
> 예시 1: "Minefield" 게임
> 이 게임은 참가자들이 눈을 가리고 서로의 지시를 받아 지뢰에서 안전하게 목적지까지 도달하는 것을 목표로 합니다. 각 참가자는 순서대로 눈을 가리고, 다른 참가자는 이를 안내하여 지뢰 위를 지나가게 됩니다. 이 게임을 통해 참가자들은 서로의 의사소통 방식을 적극적으로 이해하고, 문제를 해결하기 위한 팀워크와 협력 능력을 개발할 수 있습니다.
>
> 예시 2: "Escape Room" 게임
> 이 게임은 팀 전체가 함께 방을 탈출하기 위해 퍼즐을 풀고 힌트를 찾는 것을 목표로 합니다. 팀원들은 서로의 강점을 파악하고 효과적인 팀워크와 의사소통을 통해 함께 문제를 해결합니다. 이 게임을 통해 참가자들은 문제 해결 능력과 팀워크를 향상시키며, 서로의 역할과 책임을 배우는 등의 팀빌딩 능력을 향상시킬 수 있습니다.

게임 두 개를 소개해 주네요. '방탈출 게임' 보다 쉽게 할 수 있는 '지뢰 게임'을 선택해 봅니다.

02

좀 더 구체적 스크립트가 있다면 준비하기 좋을 것입니다.

그림 3-8[5]

"Minefield Team building"게임의 스크립트를 작성할 수 있을까?

 진행자: 두 팀으로 나누어 짝을 이루세요.
우리의 "지뢰 야금" 게임에 오신 것을 환영합니다. 여러분은 상대방에게 안내 받아 지뢰를 지나 상대편에 도달하는 것이 목표입니다. 하지만 조심하세요. 숨겨진 장애물이 있습니다!

게임 방법:
참가자들은 짝을 이루어 먼저 출발할 사람을 정합니다.

- 첫 번째 참가자는 눈을 가린 다음 시작 라인에 서 있습니다.
- 두 번째 참가자는 지뢰 야금의 반대편에 서 있으며, 상대방을 지나가는 동안 안내 역할을 맡습니다.
- 진행자는 지뢰를 나타내기 위해 지뢰 야금에 물체(예: 콘, 공, 의자 등)를 내려놓습니다.
- 안내하는 참가자는 눈가리개를 한 상대방이 지뢰를 밟지 않도록 음성 안내를 제공합니다. 예를 들어 "왼쪽으로 두 걸음"이나 "큰 한 걸음 앞으로" 등입니다.
- 눈을 가린 참가자가 '지뢰'를 밟으면 출발선으로 돌아가 파트너와 역할을 바꿔야 합니다.
- 지뢰밭 반대편에 먼저 도착하는 짝이 승리합니다.

진행자: 지뢰밭을 헤쳐 나가기 위해 파트너의 안내를 신뢰해야 하는 것처럼, 인생의 어려움을 헤쳐 나가기 위해 하나님의 말씀을 신뢰해야 합니다. 시작할 준비가 되셨나요?

A: 안녕하세요! Minefield 게임에 오신 것을 환영합니다. 시작하기 전에 함께 기도해 볼까요?

(B 모두 함께 기도)

B: 그럼 이제 짝을 이루어 두 사람씩 서 주세요. 한 사람은 눈을 가리개로 가리고 다른 한 사람은 그를 안내합니다.

C: Minefield는 지면 위에 다양한 장애물과 물건들로 이루어져 있으므로 안내하는 사람은 말로 앞에 무엇이 있는지 설명하여 파트너가 안전하게 미로를 통과할 수 있도록 해야 합니다.

D: 하지만 조심하세요! "지뢰"를 밟으면 처음부터 다시 시작해야 합니다.

E: 목표는 "지뢰"를 모두 피해 전체 미로를 최대한 빨리 통과하는 것입니다.

> F: 준비, 시작!
>
> (눈을 가린 채로 안내자와 함께 미로를 통과하며 지뢰를 피하고 가능한 한 빨리 완주하도록 노력하는 두 사람)
>
> G: 멋진 일을 해냈어요! 서로에게 의지하고 협력하여 어려운 상황을 해결할 수 있다는 것을 잘 보여줬습니다.
>
> H: 이 게임에서 어떻게 의사소통과 협동이 성공적으로 미로를 통과하는 데 기여했는지 생각해 보고, 서로 잠시 생각해 봅시다.
>
> (모둠별로 배운 내용을 토론하고 그룹과 생각을 나눕니다.)
>
> 나: 모두 수고하셨습니다. 기도로 마무리합시다.
>
> 각 팀원은 팀원의 눈을 가리는 눈가리개를 착용하고, 다른 팀원은 멀리 떨어져 마인필드 안에서 적힌 단어들을 읽어 팀원에게 알려 줘야 합니다. 이 때, 말을 할 수 없고, 손짓으로만 의사 전달이 가능합니다. 팀원은 말을 하지 않고, 서로 손짓으로만 의사 전달을 하며, 목표 지점까지 도달해야 합니다. 이 게임은 팀의 커뮤니케이션 능력을 증진시키고, 서로간의 신뢰와 협력을 발전시키는 데에 도움이 됩니다.
>
> 이 게임은 디모데후서 3장 14-17절 말씀의 중요성을 이해하고, 서로의 의사 전달 능력을 강화하며, 팀워크의 중요성을 체감할 수 있는 게임입니다.

이 게임은 다양하게 응용될 수 있습니다. 예를 들면, 유치부 아이들의 경우 눈을 가리고 종이컵을 경계로 하고, 미로를 만들어서 친구들과 탈출하게 할 수도 있습니다. 중고등부의 경우는 종이컵을 지뢰 삼아 통과하는 게임을 할 수 있습니다.

소통과 팀워크 활동 추천 받기

요즘 아이들에게 가장 필요한 것 중 하나는 단연코 소통입니다. 스마트폰을 손에 쥐고 자란 세대이기 때문에 사람들과 대면하여 소통하는 것이 쉽지 않은 것 같습니다.

소통과 팀워크를 위한 활동에는 어떤 것이 있는지 아래와 같이 프롬프트를 입력할 수 있습니다.

 반 아이들이 팀워크와 소통 능력을 향상시킬 수 있는 그룹 활동들을 추천해 줘
내용은 성경 내용과 연관되면 좋겠어 단계가 필요하다면 글머리표를 사용해서 표현해 줘

 성경 내용과 연관된 참가자들의 팀워크와 소통 능력을 향상시킬 수 있는 그룹 활동들을 아래와 같이 추천합니다:

1. 성경 드라마
   성경 이야기를 바탕으로 한 짧은 연극을 함께 작성하고 연습하여, 소통과 협력 능력을 향상시키기
   - 예: 다윗과 골리앗의 이야기, 요나와 큰 물고기의 이야기 등

2. 성경 퀴즈 대회
   팀을 이루어 성경에 관한 질문에 대해 함께 답을 찾아내는 활동으로, 서로의 지식을 나누고 소통하는 기회를 제공
   - 예: 성경 인물, 사건, 장소 등에 관한 질문

3. 성경 스토리텔링
   팀별로 성경 이야기를 공부하여 그 내용을 다른 팀원들에게 전달하고, 이를 통해 소통 능력을 키우기
   - 예: 마태복음 25장에 나오는 '천하 임금의 언약' 이야기

4. 성경 미션 게임
   성경 내용을 바탕으로 한 미션 게임을 진행하여, 팀워크와 소통 능력을 동시에 키울 수

있는 활동
- 예: 성경적 가치를 찾아내는 보물 찾기 게임, 성경 속 인물들의 역할을 맞추는 게임 등

5. 성경 창작물 제작
   팀원들과 함께 성경 이야기를 바탕으로 한 동화, 시나리오, 노래 등 다양한 창작물을 만들어 소통과 협업 능력 향상시키기
   - 예: 노아의 방주를 소재로 한 동화 제작, 요셉의 이야기를 바탕으로 한 뮤지컬 시나리오 작성 등

이러한 활동들을 통해 참가자들의 팀워크와 소통 능력을 향상시킬 수 있으며, 성경 학습에 대한 흥미와 참여도도 높일 수 있습니다.

성경 드라마 만들기

소통과 팀워크를 위한 활동 중 성경 드라마 만들기 활동을 해 보겠습니다. 장면 구성을 위해 아래와 같이 프롬프트를 입력합니다.

내용을 구체적으로 설명할 수록 더 좋은 답변을 얻을 수 있습니다.
예) 재미의 요소, 반전의 효과, 교훈, 따뜻한 이야기 등등

 대상: 유치부 아이들, 한 반 6명 기준

'성경 드라마'를 짧은 연극 대본 형식으로 작성해 줘
내용은 "요나와 큰 물고기 이야기"가 좋겠어
재미의 요소가 있으면 좋겠고, 반전의 효과를 넣어주면 더 좋겠지
교훈을 감동적이고, 따뜻한 이야기 톤으로 작성해 주면 좋겠어
강조점은 "소통과 협업"이야 분량은 5분 분량의 연극 대본으로 해 줘

대상: 유치부 아이들
한 반: 6명 기준

"요나와 큰 물고기 이야기" 5분 분량 연극 대본

등장인물: 요나 (Jonah), 큰 물고기 (Whale), 선장 (Captain), 선원1 (Sailor1), 선원2 (Sailor2), 하나님 (God)

장면 1: 요나가 하나님의 명령을 받음

하나님: 요나야, 나는 네게 니느웨 선지자로 가서 그들에게 회개하라는 내 말을 전하라고 명령한다.
요나: 하나님, 저는 니느웨로 가기 싫어요. 그곳은 너무 무서워요.

장면 2: 요나가 도망가려고 배에 올라감

선장: 안녕, 친구야! 너는 이 배에 왜 왔니?
요나: 저, 저는 다시스로 가고 싶어요.
선원1: 잘 왔어, 친구야! 같이 배를 타자.

장면 3: 폭풍우와 큰 물고기 등장

선원2: 이런, 폭풍우가 몰아쳐오고 있어! 도대체 무슨 일이야?
하나님: 요나야, 이것은 내가 보내는 폭풍이다. 너는 니느웨로 가야 해!
큰 물고기: 저기 떠내려오는 요나를 볼 수 있어! 난 그를 구해줄 거야.

장면 4: 요나가 큰 물고기 속에서 회개하고, 큰 물고기가 요나를 뱉어 냄

요나: 하나님, 제가 잘못했습니다. 제가 당신의 말씀을 따르지 않았어요. 저를 구해 주세요.

하나님: 좋다, 요나야. 물고기야, 요나를 뱉어 내라.
큰 물고기: 알겠어요, 하나님! (큰 물고기가 요나를 바다 가장자리로 뱉어 냄)

장면 5: 요나가 니느웨로 가서 하나님의 말씀을 전함

요나: 니느웨 사람들, 하나님이 여러분에게 회개하라고 말씀하셨어요. 그렇지 않으면 니느웨 성을 멸망시키실 거예요. 저는 사실 여러분들에게 이 이야기를 전하고 싶지 않았어요. 하지만 하나님의 사랑 때문에 왔어요.
니느웨 사람들: 우리가 잘못했어요. 회개하고 다시는 잘못을 저지르지 않을게요. 기회를 주신 하나님께 감사합니다.
하나님: 요나야, 수고했다. 이제 니느웨 사람들도 나의 사랑을 느낄 수 있게 되었어.
요나: 네, 하나님. 이제 깨달았습니다. 하나님의 사랑을 전하는 일이 정말 중요해요.
니느웨 사람들: 요나 선지자님 덕분에 하나님의 사랑과 용서를 배웠어요.
요나: 네, 함께 돕고 협력하여 하나님의 뜻을 이루어 가봅시다.

마지막 장면: 모든 인물이 하나님의 사랑을 깨닫고 더불어 살아가기로 약속하며 무대에서 인사를 한 뒤 연극이 끝남.

이 연극 대본은 "요나와 큰 물고기 이야기"를 바탕으로 하되, 교훈을 감동적이고 따뜻한 이야기 톤으로 전달하고 있습니다. 또한 참가자들이 팀워크와 소통 능력을 향상시킬 수 있도록 구성되어 있습니다. 이를 통해 유치부 아이들이 성경 이야기를 즐겁게 배우고, 서로의 역할을 인정하며 협동하는 데 도움이 될 것입니다.

아이들에게 정확한 대본 내용을 숙지를 강요하기 보다는, 연극과 비슷한 성경 드라마를 진행하여 서로 소통하고 어울리게 하는 것을 목표로 하는 것이 좋을 것 같습니다. 이를 통해 아이들은 함께 즐겁게 배우면서 소통 능력과 협력 정신을 키울 수 있을 것입니다. 이것에 필요한 각각의 이미지를 만들어 보겠습니다.

성경 드라마 장면들에 맞는 이미지 만들기

말씀 드린 대로 이미지를 활용해 드라마적인 요소를 만들어 내는 것은 아이들이 더 즐겁게 참여 할 수 있는 방법입니다. 그림, 사진 등 다양한 이미지를 사용하여 각 장면을 연출하고, 아이들이 직접 이야기를 구성하고 상상력을 발휘하게 하면 더 흥미로운 활동이 될 것입니다. 이렇게 이미지를 활용한 성경 드라마를 통해 아이들은 성경 이야기와 소통 능력을 함께 배울 수 있습니다.

 각 장면에 맞는 이미지를 만들고 싶어
Midjourney에서 이미지를 만들 수 있도록 프롬프트를 작성해 줘 출력은 영어로 해 줘

 I apologize for the confusion. I will provide you with the Midjourney prompts for creating images related to each scene in English, as requested.

1. Prompt: Jonah boards the ship to flee from God's command
   - Create an image of Jonah boarding a ship, with a worried expression on his face, trying to escape from God's command.
2. Prompt: A great storm threatens the ship, and Jonah admits his disobedience
   - Design an image of Jonah confessing his disobedience to the sailors during the storm, with waves crashing around the ship.
3. Prompt: Jonah is thrown into the sea and swallowed by a great fish
   - Illustrate an image of Jonah being thrown into the raging sea and being swallowed by a giant fish, with a mixture of fear and awe on his face.
4. Prompt: Jonah prays for forgiveness, and the fish spits him out
   - Create an image of Jonah praying inside the fish, with a humble and repentant expression, then being spit out onto the shore by the fish.
5. Prompt: Jonah preaches to the people of Nineveh, and they repent
   - Design an image of Jonah preaching to a crowd of Nineveh citizens, who

are listening intently and beginning to change their ways.

These prompts should guide you in creating images that visually represent each scene in the story of Jonah and the whale. If you need further assistance, please feel free to ask.

미드저니에 아래와 같이 1번부터 5번까지 차례로 입력하면 됩니다. 원하는 이미지가 나오지 않으면 새로고침을 하세요.

 /imagine
prompt Jonah boards the ship to flee from God's command Create an image of Jonag boarding a ship, with a worried expression on his face, trying to escape from God's command.

부록

「요나의 모험」 성경 드라마

요나가 하나님의 명령을 피해 배에 올라탄다.

큰 폭풍이 배를 위협하고 요나는 자신의 불복종을 인정한다.

요나는 바다에 던져지고 큰 물고기에게 삼켜진다.

요나는 용서를 구하며 기도하고 큰 물고기가 그를 뱉어낸다.

요나가 니느웨 사람들에게 전도하고 그들은 회개한다.

성경 스토리텔링 만들기

스토리텔링의 효과에 대해서 챗GPT에게 물어 보았습니다.

 스토리텔링은 아이들의 언어 발달, 상상력 향상, 집중력 향상 및 소통 능력 발달에 도움이 됩니다. 또한, 다양한 문화를 이해하고 공감하는 능력과 기억력을 키우는 데에도 긍정적인 영향을 미칩니다. 이를 통해 아이들은 전반적인 학습 능력과 인간관계 형성에 필요한 역량을 키울 수 있습니다. 스토리텔링은 교육 활동에서 효과적인 방법으로 활용될 수 있습니다.

01
역할 설정 후 대본 작성

역할 설정 후에 대본을 작성해 달라고 요청합니다. 일단 달란트 비유를 중심으로 팀별 대본을 작성해 달라고 요청합니다.

너는 스토리텔링 작가 역할을 할 거야 마태복음 25장에 나오는 '달란트 비유' 내용으로 팀별로 성경 이야기를 공부하여 그 내용을 다른 팀원들에게 전달하고, 이를 통해 소통 능력을 키우기를 할 거야 팀원 세 명에 맞도록. 각자에 맞는 스토리텔링 대본을 작성해 줘

 팀원 1: 지성
마태복음 25장에 나오는 '달란트 비유' 이야기를 시작하겠습니다. 오래 전, 한 왕이 성 주민들에게 자기 재산 일부를 맡겨 놓았어요. 그는 세 명의 종을 불러, 각각에게 5달란트, 2달란트, 1달란트를 맡겼습니다. 왕은 이렇게 말했어요. "나의 재산을 잘 키워 보아라. 나는 길게 떠날 테니, 내가 돌아올 때 보고받겠다."

팀원 2: 혜진
그래서 첫 번째 종은 받은 5달란트를 가지고 사업을 시작했어요. 그는 열심히 일하여, 결국 5달란트를 더 벌어 왕에게 돌려주게 되었습니다. 두 번째 종도 받은 2달란트를 가지고 마찬가지로 노력하여, 2달란트를 더 벌어왔습니다. 하지만, 세 번째 종은 받은 1달란트를 땅에 묻어 숨겨놓았어요. 그는 왕이 돌아올 때까지 아무것도 하지 않았습니다.

팀원 3: 민수
마침내 왕이 돌아왔고, 각각의 종들은 왕에게 보고를 했습니다. 첫 번째 종과 두 번째 종이 맡은 재산을 늘이고 돌려준 것을 보고, 왕은 그들에게 칭찬을 하며 더 많은 책임을 맡겼습니다. 그러나 세 번째 종은 단지 받은 1달란트를 돌려줄 뿐이었습니다. 그래서 왕은 그를 꾸짖었고, 외부 어두운 곳에 던져 넣으라 명령했습니다.

이 스토리에서 우리는 기회를 제대로 활용하고 열심히 노력하는 것의 중요성을 배울 수 있습니다. 이를 통해 서로 소통하고 함께 성장하는 데에 도움이 되길 바랍니다. 이제 여러분은 이 이야기를 다른 팀원들에게 전달하며, 각자 배운 점을 공유해 보세요.

02
두 번째 예시

 네, 당신의 요청에 따라 다음은 성경 스토리텔링 대본 예시입니다.

대본 예시 1: 다윗과 골리앗 이야기

[팀 A는 다윗 역할, 팀 B는 골리앗 역할을 맡아 대본을 읽습니다.]

팀 A:
내가 어린양의 목장에서 양을 치던 중, 블레셋 군대와 이스라엘 군대가 싸우기 시작했어. 그리고 블레셋 군대 중에서 대장급인 골리앗이 나와서 이스라엘 군대에게 도전을 걸었지. 그는 키가 6규빗에 이르고, 갑옷은 6천 세겔의 길이를 가졌어. 그의 손에 든 창의 머리는 철로 만들어졌고, 그 중량은 6백 세겔이나 되었어.

팀 B:
맞아, 그렇게 내가 등장했지. 나는 골리앗이라고 해. 나는 이스라엘 군대 중 아무도 도전하지 않으면서도 나에게 도전하라고 말했지. 이스라엘 군대에서는 나를 무서워하고, 모두 나를 이길 수 없을 것이라고 생각했어.

팀 A:
그러나 내가 도전했어. 내가 왕 사울에게 나가서 나의 뜻을 밝혔고, 그는 내게 갑옷과 방패, 창을 줬어. 그리고 내가 골리앗과 마주쳤지. 그 때, 나는 골리앗을 향해 나의 물맷돌을 던졌고, 그는 땅에 쓰러졌어.

팀 B:
맞아, 그게 정확히 일어났어. 나는 너희에게 졌지.

03
진행을 어떻게 할지 알아보기

 대상 아이들은 유치부 학생이야
이것을 어떻게 진행할지 진행 절차에 대해 아이디어를 제공해 줄 수 있어?

 유치부 학생들을 대상으로 한 활동을 진행하기 위해, 아래와 같은 절차를 제안합니다.

1. 나누기: 학생들을 3인 1조로 나누고, 각 조별로 서로 다른 이야기를 전달할 팀원을 정합니다. (지성이, 혜진이, 민수)

2. 이야기 전달: 각 팀원에게 해당하는 이야기를 알려 주고, 이를 본인 팀원들에게 전달할 수 있도록 대본을 제공합니다.

3. 연습하기: 각 팀원은 자신의 이야기를 익히고, 이를 팀원들에게 전달하는 연습을 합니다.

4. 소통 놀이: 이제, 각 팀의 학생들은 서로 이야기를 전달하며, 듣고 이해한 내용을 확인하는 소통 놀이를 진행합니다. 학생들은 듣고 이해한 내용을 자신의 말로 다시 설명하게 합니다.

5. 토론 및 공유: 학생들은 각자 들은 이야기를 바탕으로 무엇을 배웠는지, 어떤 것이 인상 깊었는지 등을 토론하고 공유합니다.

6. 전체 토론: 모든 조가 활동을 마친 후, 전체 토론 시간을 가집니다. 각 팀에서 배운 점과 느낀 점을 공유하며, 다른 팀의 이야기에 대해 물어보고 이해하는 시간을 가집니다.

7. 마무리: 이 활동을 통해 학생들이 어떻게 소통하고 이야기를 전달하는 능력을 키웠는지에 대해 교사 또는 리더가 요약하고 감사 인사를 전합니다.

이런 방식으로 진행하면, 유치부 학생들이 서로의 이야기를 듣고 이해하며 소통 능력을 키울 수 있을 것입니다. 학생들의 연령과 성향에 따라 활동을 조절하고 적용할 수 있습니다.

04

전체를 하나로 묶기

필요에 따라서, 각 반별 학생들의 연령과 수준에 맞게 변형해서 사용하시면 됩니다.

 유치부 아이들에게 적합한 성경 스토리텔링 대본을 묶어서 예시로 보여줘

 아래는 유치부 아이들에게 적합한 성경 스토리텔링 대본 예시입니다.

1: 다윗과 골리앗 이야기
안녕하세요, 여러분. 오늘 저희는 다윗과 골리앗 이야기를 준비했습니다. 다윗은 어린 소년이었지만, 하나님과 함께했기 때문에 큰 용기를 가지고 있었습니다. 그런 다윗이 평범한 돌로 골리앗을 물리쳤다는 이야기입니다.

여기서 우리가 배울 점은 무엇일까요? 다윗은 자신이 어린 소년이어도, 하나님이 함께하신다면 어떤 일이든 가능하다는 것을 믿었습니다. 다윗의 이야기에서 우리는 골리앗보다 더 강한 것이라도, 하나님과 함께하면 극복할 수 있다는 것을 알 수 있습니다.

협업 활동 추천 받기

대본 내용과 관련해서 협업 내용을 물어봅니다.

 위에서 제시해 준 성경 드라마 대본과 관련해서 아이들이 같이 할 수 있는 협업 활동 세 가지를 추천해 줘

 위 대본 내용과 관련하여 아이들이 협력하여 수행할 수 있는 활동 3가지를 추천합니다.

1. 공동 무대 소품 만들기
   아이들이 함께 무대 소품을 만들도록 하여 협동심을 키울 수 있습니다. 예를 들어, 큰 물고기나 배를 대표하는 소품을 직접 만들어 연극에 활용할 수 있습니다. 아이들이 작은 그룹으로 나누어지고, 각 그룹은 다른 소품을 담당하여 만들도록 합니다. 이를 통해 아이들은 협력과 소통을 통해 목표를 달성하는 경험을 쌓게 됩니다.

2. 역할 나누기와 연습하기
   아이들에게 각자 맡은 역할을 정하고, 연극 대본을 이해하며 연습하게 합니다. 이 과정에서 아이들은 서로 도와주고, 소통하며 연기 능력을 향상시킬 수 있습니다. 각자의 역할을 존중하고 서로의 의견을 듣는 것이 중요하며, 이를 통해 아이들은 협동과 소통의 중요성을 배울 수 있습니다.

3. 음악과 춤을 활용한 연극
   연극에 배경 음악이나 춤을 추가하여 아이들이 함께 연습하게 합니다. 이를 통해 아이들은 협동하여 음악과 춤에 맞춰 움직이는 법을 배우게 됩니다. 음악을 들으면서 춤을 추거나 가사를 부르는 것이 좋습니다. 이를 통해 아이들은 소통과 협력을 통해 하나의 공연을 완성하는 경험을 얻을 수 있습니다.

이러한 활동들을 통해 아이들은 협동과 소통의 중요성을 배우게 되며, 이를 바탕으로 서로를 존중하고 돕는 좋은 관계를 형성할 수 있습니다.

챗GPT
주일학교는
어떻게 사용할까?

WRTN.AI, GOOGLE BARD, ASKUP, MS BING CHAT
MS COPILOT, MS DESIGNER,
MS BING- IMAGE CREATOR
AIPRM, 프롬프트 지니, DEEPL

PART. 4

다양한 응용 프로그램

WRTN.AI (뤼튼)

Wrtn.ai는 세 가지 이유에서 매력적입니다.

1. 챗GPT4.0을 무제한으로 사용할 수 있습니다. 챗GPT 유료 버전은 3시간에 25개의 메시지를 사용할 수 있습니다. 비록 무료이기 때문에 사용자가 몰리면 속도가 느려지고 생성을 못하기도 하지만, 챗GPT4.0 무료 사용 시간을 다 쓴 후에는 wrtn.ai에서 4.0을 사용하는 등으로 활용할 수 있습니다.

2. 이미지 프롬프트를 번역 없이 한글로 사용할 수 있습니다. 단순한 피사체를 만들기에 좋으며, 다만 복잡한 프롬프트는 해석하지 못할 수 있습니다.

3. 네이버 클로바 서비스가 제공하는 '긴글 블로그 작성'을 사용해 볼 수 있습니다. "한글 학습에 특화"되었다는 네이버 초거대 언어 모델 AI 클로바 서비스를 이용해 볼 수 있어 좋습니다.

그림 4-1

01

뤼튼은 답변의 지능과 속도를 선택할 수 있습니다. 속도를 선택하면 GPT3.5를, 지능을 사용하면 GPT4.0을 사용하게 됩니다.

그림 4-2

02

이미지를 묘사하고 단순히 "그려 줘"라고만 요청하면 이미지를 생성합니다.

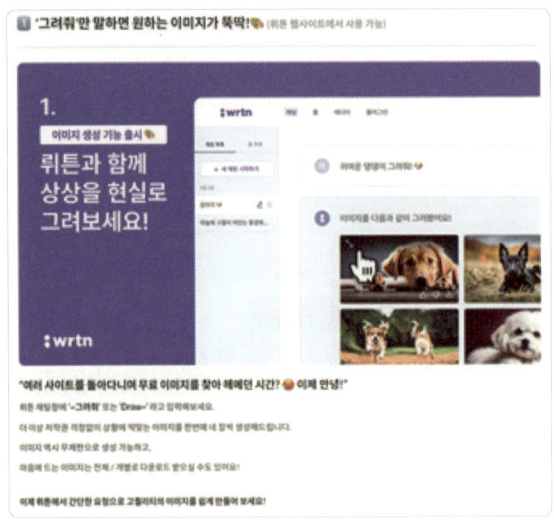

그림 4-3

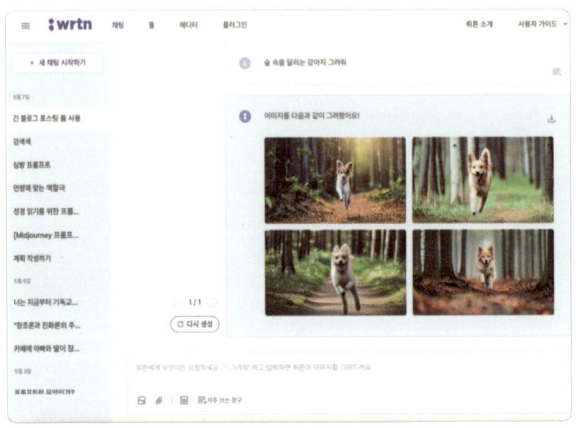

그림 4-4

03

다음은 네이버 클로바가 작성한 글입니다. 포스팅 주제는 '경기 침체'와 '역사' 였습니다.

포스팅 주제
경기 침체, 역사

긴 블로그 포스팅   Powered by CLOVA

지금 우리나라는 경기 침체와 함께 경제적인 어려움을 겪고 있습니다. 이러한 경제적인 어려움은 오랜 역사 속에서도 반복되어 온 것입니다. 이번에는 경기 침체의 역사를 알아보고, 이전의 경제적인 어려움에서 어떻게 벗어났는지에 대해 알아보도록 하겠습니다.

경기 침체는 어떤 상황에서 일어나나요?
경기 침체는 경제적인 활동이 둔화되어 생산과 소비가 감소하고, 일자리가 감소하는 상황을 말합니다. 경기 침체는 대체로 금융위기, 실업률 증가, 소비심리 하락 등의 요인으로 인해 발생합니다. 이전의 대표적인 경기 침체는 1997년 아시아 금융위기와 2008년 세계 금융위기였습니다.

경기 침체에서 벗어나기 위해 어떤 노력이 필요한가요?
경기 침체에서 벗어나기 위해서는 정부와 기업, 개인이 모두 함께 노력해야합니다. 정부는 경제적인 지원을 통해 기업과 개인에게 자금을 지원하고, 경제 활성화를 위한 정책을 수립해야합니다. 기업은 새로운 사업 아이디어를 발굴하고, 투자를 적극적으로 진행해야합니다. 개인은 소비를 적극적으로 하여 경제 활성화에 기여할 수 있습니다.

경기 침체에서 벗어나기 위한 대표적인 사례는 무엇인가요?
경기 침체에서 벗어나기 위한 대표적인 사례는 1930년대 미국의 뉴딜 정책입니다. 뉴딜 정책은 미국 대공황으로 인해 발생한 경기 침체를 극복하기 위해 루즈벨트 대통령이 시행한 정책으로, 공공사업에 대한 대규모 투자와 사회보장제도의 도입 등으로 경제 활성화를 이루었습니다. 이를 통해 미국은 대공황에서 벗어나 경제적인 발전을 이루었습니다.

경기 침체는 경제적인 어려움을 야기하지만, 정부와 기업, 개인이 모두 함께 노력하여 극복할 수 있습니다. 이전의 경제적인 어려움에서도 노력과 협력으로 벗어난 것처럼, 우리도 함께 노력하여 경제적인 어려움을 극복할 수 있을 것입니다.

GOOGLE BARD (구글 바드)

Bard는 구글이 챗GPT의 선풍적인 인기와 이를 활용하는 MS 빙 검색 엔진에 대응하기 위해 개발한 인공지능 챗봇입니다. 아직 일반에는 오픈되지 않았으며, 시험 사용자를 모집하여 테스트 중입니다. 가장 큰 장점은 실시간 검색 기능을 통합한 것입니다. 챗GPT는 2021년 9월까지의 정보만 포함하고 있기 때문에 실시간 정보를 제공하지 못하지만, 바드는 그러한 한계를 극복했습니다. 일부 사용자들은 바드의 추론 기능이 챗GPT보다 더 유능하다고 합니다.

그렇지만 바드에도 단점이 있습니다. 사용자 인터페이스(User Interface)가 챗GPT에 비해 불편합니다. 예를 들어, 사용자가 이전에 입력한 질문 프롬프트를 찾으려면 챗GPT는 왼쪽 바에서 쉽게 확인할 수 있지만, 바드는 Bard Activity를 클릭하여 시간별 히스토리를 찾아 봐야 합니다. 또한, 바드는 종교 관련 이야기에 대해서는 답변을 거부하는 경향이 있어서 다양한 테스트를 수행하기 쉽지 않습니다.

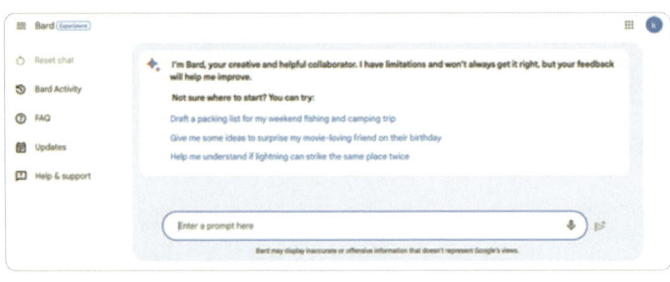

그림 4-5

번역기를 사용해서 다음을 테스트해 보았습니다.

> 너는 지금부터 설득력 있는 설교자 역할을 할 거야
> You're about to play the role of the persuasive preacher.
>
> 구약성경의 여호수아라는 인물에 대해 정리해 줘
> Summarize the figure of Joshua from the Old Testament.

다음은 테스트의 결과입니다.

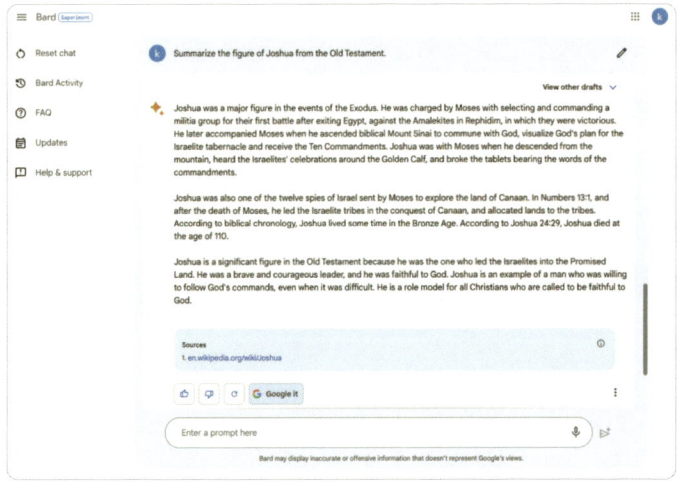

그림 4-6

위의 답변을 한글로 번역해 보았습니다.

[번역] 여호수아는 출애굽 사건의 주요 인물이었습니다. 그는 모세로부터 이집트 탈출 후 첫 전투인 르비딤에서 아말렉 족속과의 전투에서 승리할 민병대를 선발하고 지휘하는 임무를 맡았습니다. 이후 모세가 성경에 나오는 시내산에 올라 하나님과 교제하고 이스라엘 성막에 대한 하나님의 계획을 구상하고 십계명을 받을 때 모세와 동행했습니다. 여호수아는 모세가 산에서 내려와 이스라엘 백성들이 금송아지를

둘러싸고 축하하는 소리를 듣고 계명의 말씀이 적힌 석판을 깨뜨릴 때 함께 있었습니다. 여호수아는 모세가 가나안 땅을 탐험하기 위해 보낸 이스라엘의 열두 정탐꾼 중 한 명이기도 했습니다. 민수기 13장 1절에 따르면 모세가 죽은 후 이스라엘 지파를 이끌고 가나안 정복에 나섰으며 각 지파에게 땅을 할당했습니다. 성경의 연대기에 따르면 여호수아는 청동기 시대에 살았습니다. 여호수아 24장 29절에 따르면 여호수아는 110세의 나이로 사망했습니다.

여호수아는 이스라엘 백성을 약속의 땅으로 인도한 인물이기 때문에 구약성서에서 중요한 인물입니다. 그는 용감하고 용감한 지도자였으며 하나님께 신실했습니다. 여호수아는 어려운 상황에서도 하나님의 명령을 기꺼이 따랐던 사람의 본보기입니다. 그는 하나님께 신실하도록 부름받은 모든 그리스도인의 롤 모델입니다.

역시 검색 강자의 면모를 보여줍니다. 마지막에 출처를 작성해 줍니다. 자신의 학습 내용과 검색 출처의 내용을 합하여 요약해 줍니다.

아래는 챗GPT의 내용인데 비교해 보겠습니다.

 여호수아는 구약 성경에서 중요한 인물로, 그의 이야기는 주로 "여호수아"라는 책에서 찾을 수 있습니다. 여호수아는 이스라엘의 지도자 모세의 후임자로서, 이스라엘 백성을 가나안 땅인 약속의 땅으로 인도했습니다.

1. 모세의 죽음 후 여호수아 지도자 취임: 모세가 죽은 후, 하나님이 여호수아를 이스라엘 백성의 지도자로 선출했습니다(여호수아 1장). 여호수아는 하나님의 계시를 받고 이스라엘 백성을 이끌기 시작합니다.

2. 요단강 건너기: 여호수아는 하나님의 도움으로 이스라엘 백성을 거친 황무지에서 요단강을 건너 약속의 땅 가나안에 들어갑니다(여호수아 3장).

3. 여리고 정복: 여호수아와 이스라엘 백성은 하나님의 계획에 따라 가나안 땅의 요새 도시 여리고를 정복합니다(여호수아 6장). 이 승리는 하나님의 힘과 충성심을 보여주는 사건입니다.

4. 가나안 땅 정복: 여리고 정복 이후, 여호수아는 하나님의 지시에 따라 가나안 땅의 여러 도시와 왕국을 정복하며, 이스라엘 백성을 약속의 땅에 정착시킵니다(여호수아 11장).

5. 이스라엘 영토 나누기: 여호수아는 약속의 땅 가나안을 정복한 후, 이스라엘의 각 지파에게 영토를 나누어 줍니다(여호수아 13-21장). 이 과정에서 여호수아는 하나님의 계획을 충실히 따르며 지휘합니다.

여호수아의 이야기는 이스라엘 백성의 믿음과 하나님의 충성심, 그리고 하나님의 인도함을 보여주는 구약 성경의 주요 내용 중 하나입니다.

ASKUP(아숙업)

그림 4-7

　Askup은 2023년 5월 7일 현재 사용자가 95.5만 명인 카카오톡 채널에서 동작하는 어플입니다. 이 어플은 전국민 애용 어플리케이션인 카카오톡에서 챗GPT4.0을 사용할 수 있도록 구현하였습니다. 아숙업은 아래와 같은 3가지 기능으로 사용해 볼 만합니다.

1. 기사 링크를 올리면 내용을 정리해서 알려줍니다: 챗GPT에서도 이 기능을 사용할 수 있지만, 일부 접근이 제한된 사이트들이 있습니다. 물론 중요한 사실에 대해서는 팩트 체크가 필요합니다.

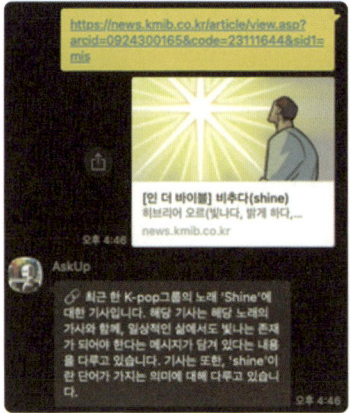 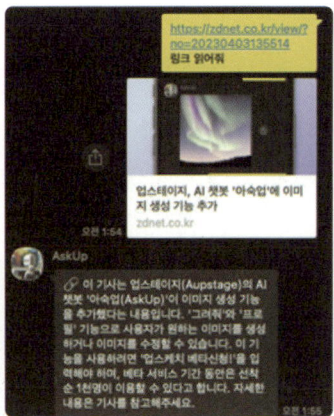

그림 4-8

2. 이미지는 얼굴 모양을 바꾸는 기능을 제공해서 사용자들이 재미있게 활용할 수 있습니다. 자기 사진으로 아바타 이미지도 만들 수 있습니다. 친구들과 공유하거나 개성 있고 독특한 프로필 이미지를 생성해 보세요.[6]

그림 4-9

3. 이미지의 글자 인식 기능을 통해 이미지에 있는 텍스트를 추출하여 출력해 줍니다. 이 기능은 이미지를 입력 받아서 텍스트를 해석하고, 필요한 정보를 빠르게 얻을 수 있게 도와줍니다. 이러한 기능은 스캔한 문서, 사진 속의 글씨 등 다양한 상황에서 유용하게 활용될 수 있습니다.

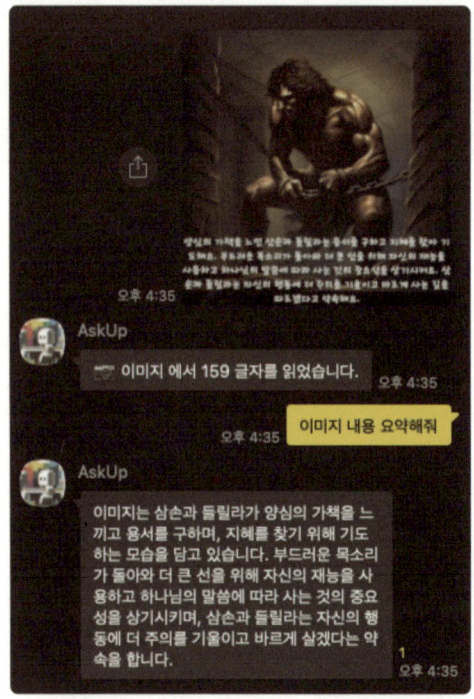

그림 4-10

MS BING CHAT(MS 빙 챗)

    Microsoft사는 자사의 검색 엔진인 Bing에 챗GPT를 통합하여 사용자들에게 더욱 향상된 검색 경험을 제공합니다. 이를 통해 MS 빙 챗의 장점을 누릴 수 있습니다. Microsoft Edge 브라우저 오른쪽 상단에서 검색 아이콘을 클릭하여 이용할 수 있습니다.

    MS 빙 챗의 주요 장점은 다음과 같습니다.
1. 검색과 대화식 인터페이스: 사용자가 검색어를 입력하면, 챗GPT가 대화 형식으로 결과를 제공합니다. 이를 통해 사용자는 검색 결과를 보다 쉽게 이해하고 필요한 정보를 빠르게 찾을 수 있습니다.
2. 맥락 이해: 챗GPT는 이전 대화의 맥락을 기억하고 이를 바탕으로 사용자의 질문에 답변합니다. 이를 통해 사용자가 연관된 질문을 할 때마다 새로운 검색을 할 필요 없이 원활한 대화를 이어갈 수 있습니다.
3. 자연어 처리: 챗GPT는 자연어 처리 기술을 활용하여 사용자의 질문을 정확하게 이해하고, 관련된 정보를 제공합니다. 이를 통해 사용자는 복잡한 검색어를 사용하지 않고도 원하는 정보를 얻을 수 있습니다.
4. 다양한 주제 지원: 챗GPT의 방대한 학습 데이터 덕분에 다양한 주제에 대한 질문에 대답할 수 있습니다. 이를 통해 사용자들은 다양한 분야의 정보를 힌 곳에서 찾을 수 있습니다.

그림 4-11

    MS 빙 챗은 사용자가 검색한 내용을 요약하여 제공하며, 자세한 정보가 필요한 경우 해당 정보가 있는 웹 페이지로 연결해 줍니다. 또한, 빙 챗은 사용자가 다음에 입력할 프롬프트를 예측하여 말풍선 형태로 제시합니다. 사용자가 이 말풍선을 클릭하면, 프롬프트가 자동으로 적용되어 대화가 원활하게 이어집니다. 이 기능은 사용자가 어떤 질문을 해야 할지 모를 때 도움이 될 수 있으며, 대화의 흐름을 더욱 자연스럽게 만들어 줍니다.

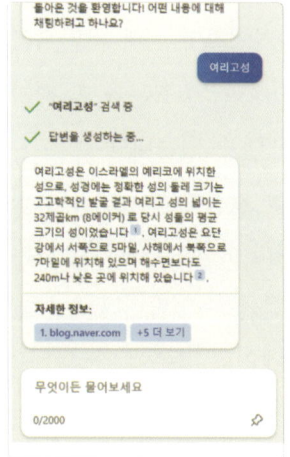

그림 4-12

MS COPILOT(코파일럿)

초기 MS Office 365 버전에서는 코파일럿 기능을 시험 사용해 볼 수 있었습니다. 그러나 정책이 바뀌어 현재(2023. 7.18)는 월 30달러에 제공되고 있습니다. 'copilot'이 비행기 부조종사의 의미인 만큼, MS 코파일럿은 업무 진행을 원활하게 도와주는 인공 지능 지원 역할을 합니다.

코파일럿을 사용하면, 업무 문서 작성이나 데이터 분석 등에 효율적으로 도움을 받을 수 있습니다. 이를 통해 사용자는 업무 처리 시간을 단축하고, 더욱 정확하고 전문적인 결과물을 만들어 낼 수 있게 됩니다. 이러한 인공지능 기반의 지원 기능은 앞으로 더욱 다양한 분야에서 활용되며, 업무 효율성을 높일 것으로 기대됩니다.

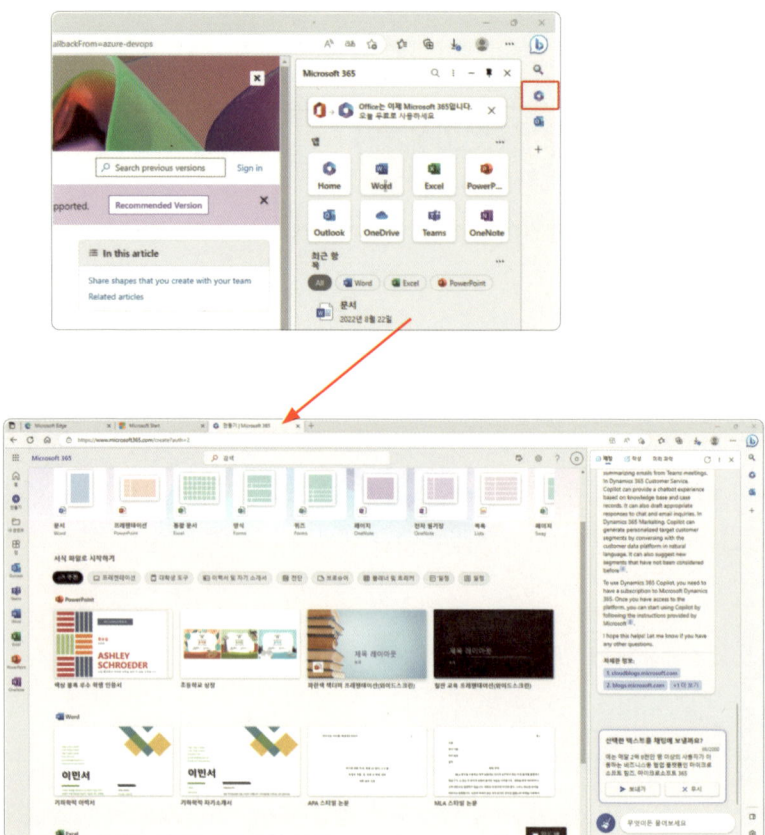

그림 4-13

글 제목을 주면 MS Word에서 글을 작성해 줍니다.

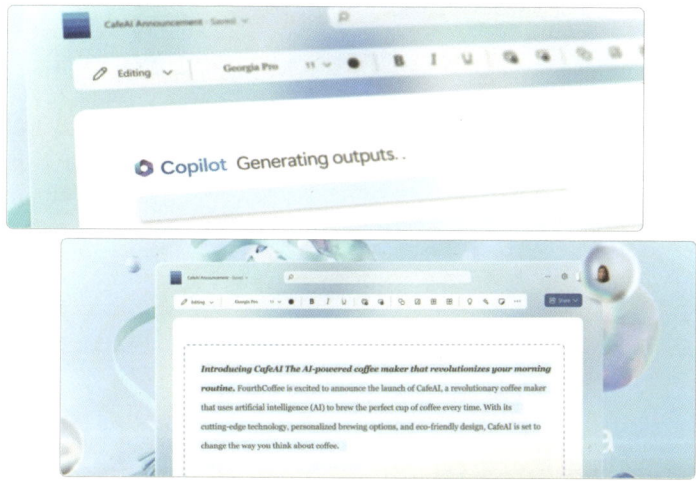

그림 4-14

MS PowerPoint 주제와 슬라이드 수를 말하면, 주제에 맞는 글과 이미지를 적절히 배치한 PPT를 받아 볼 수 있습니다. 수정은 얼마든지 요청해도 됩니다.

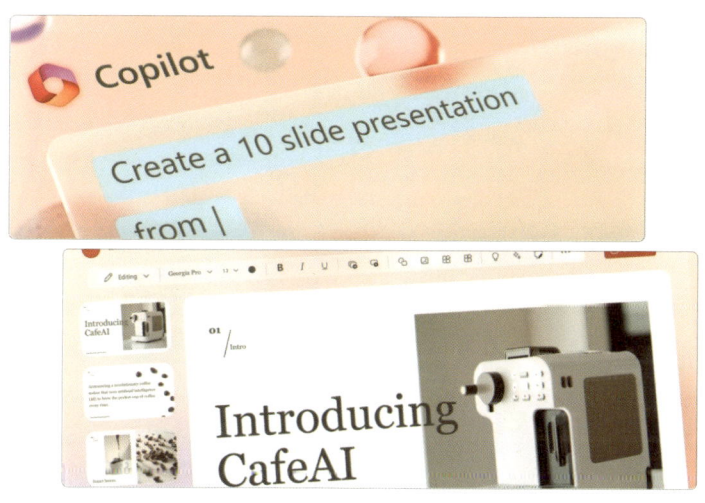

그림 4-15

또한 excel에서의 수치 분석은 물론, 그 분석에 맞는 그래프까지 제안합니다.

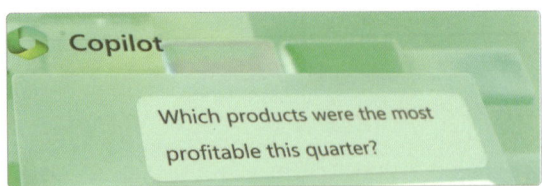

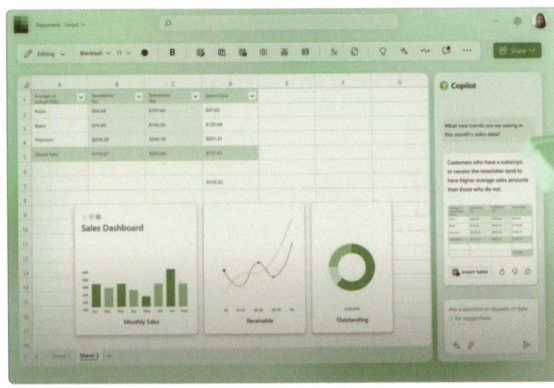

그림 4-16

회의에 늦어도 상관없습니다. 코파일럿이 회의 내용을 요약해 줍니다.

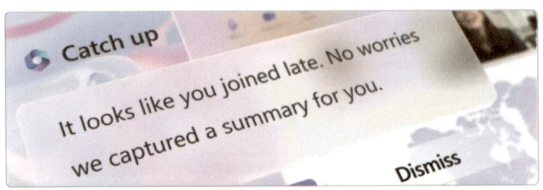

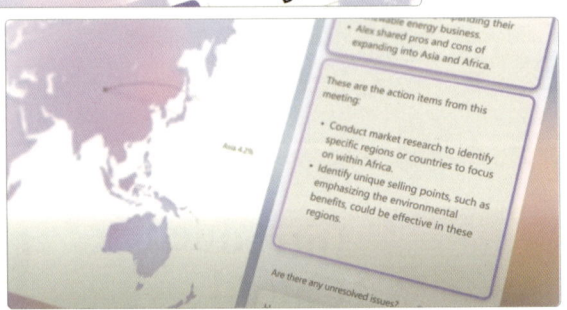

그림 4-17[7)]

CHATGPT PLUGINS(플러그인)

챗GPT 기반의 플러그인 형태의 어플리케이션은 앞으로 큰 생태계를 구축할 것으로 예상됩니다. 애플의 스마트폰이 등장하고 어플리케이션 기반 프로그램이 폭발적으로 확산된 것처럼, 이러한 변화는 업계 전반에 걸쳐 혁신을 가져올 것입니다. 이 혁신은 단순히 일의 효율성을 향상시키는 것을 넘어서, 새로운 가능성과 시장을 창출할 것입니다. 그러므로 응용프로그램을 사용하는 사람의 관점을 넘어, 이러한 혁신을 주도하는 시장 전체를 주목해야 합니다. 이를 통해 더 많은 기회와 발전을 이끌어 낼 수 있을 것입니다.

곧 연동될 ChatGPT plugins

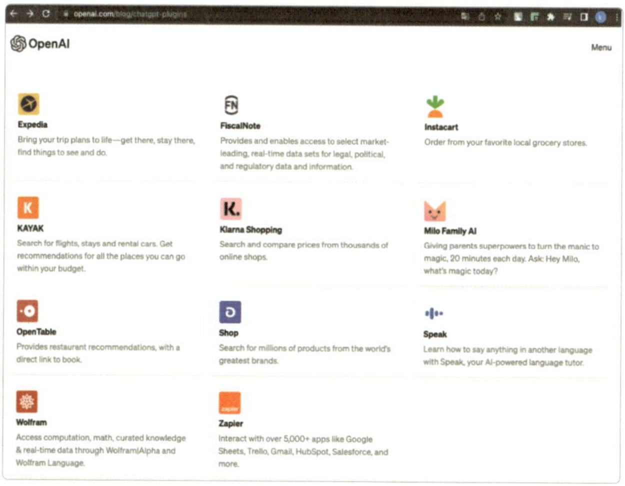

그림 4-18

MS DESIGNER(MS 디자이너)

MS Designer는 인기 있는 편집 템플릿 툴인 캔바와 유사하지만, 몇 가지 차별화된 기능이 있습니다. 이 도구는 생성형 인공지능을 활용하여 사용자의 키워드를 기반으로 원하는 이미지를 만들어 주고, 그 이미지를 사용하여 템플릿도 생성해 줍니다.

이러한 고급 기능 덕분에 사용자는 보다 쉽게 맞춤화된 디자인을 만들 수 있습니다. MS Designer를 사용하면 키워드를 바탕으로 빠르게 이미지를 생성하고, 이를 통해 전문적인 템플릿을 완성할 수 있습니다. 따라서 사용자가 시간과 노력을 절약하면서도 품질 높은 디자인을 만들어 낼 수 있습니다.

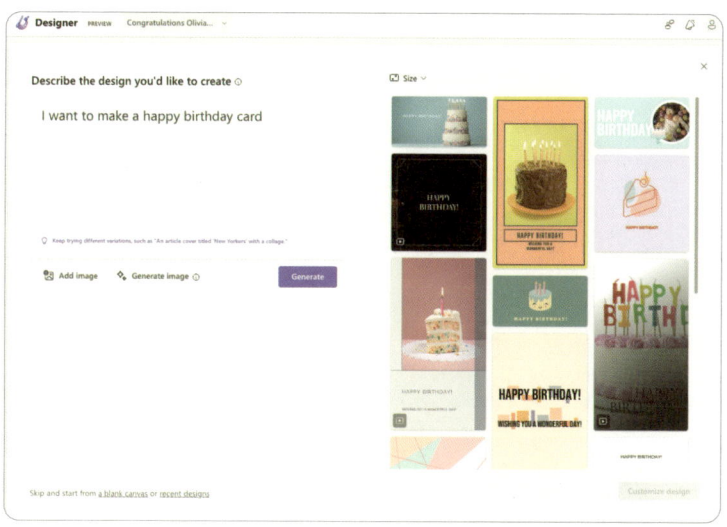

그림 4-19

다음과 같이 디자인에 무엇을 추가할지 AI가 생성해서 예시로 보여줍니다. 사진들, 그래픽, 영상까지 포함합니다.

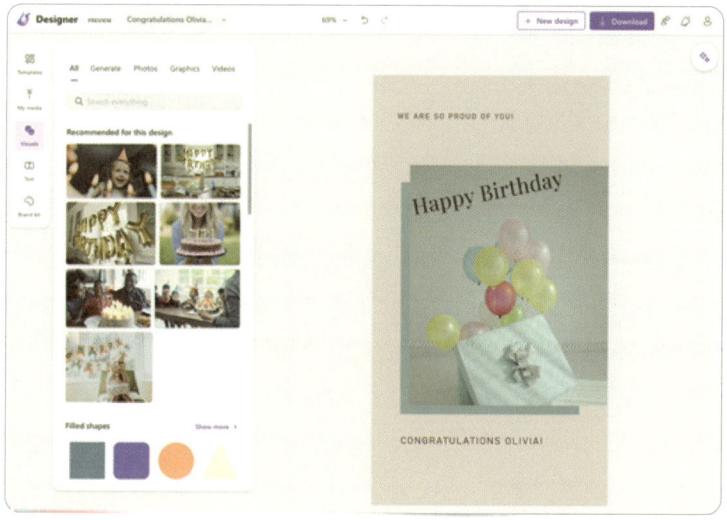

그림 4-20

Copilot

역시 디자이너에도 오른쪽 창에는 코파일럿이 도움을 줍니다. 배경 이미지를 선택하면 배경을 지우는 것과 희미하게 블러 처리를 할 수도 있습니다. 물론 필터 처리도 가능합니다.

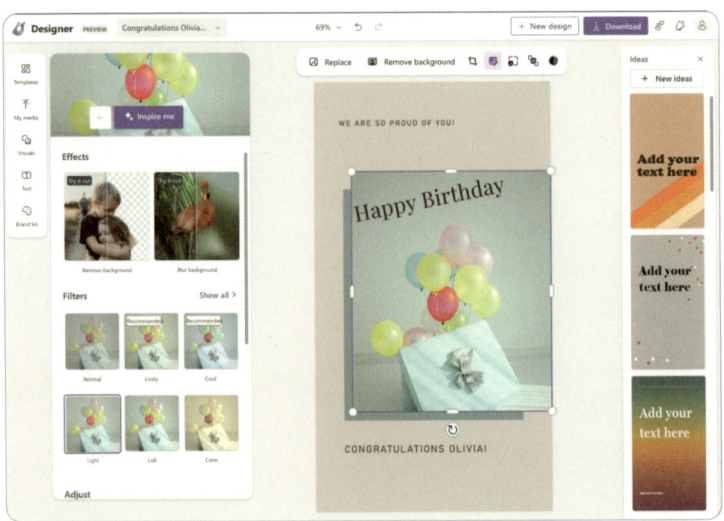

그림 4-21

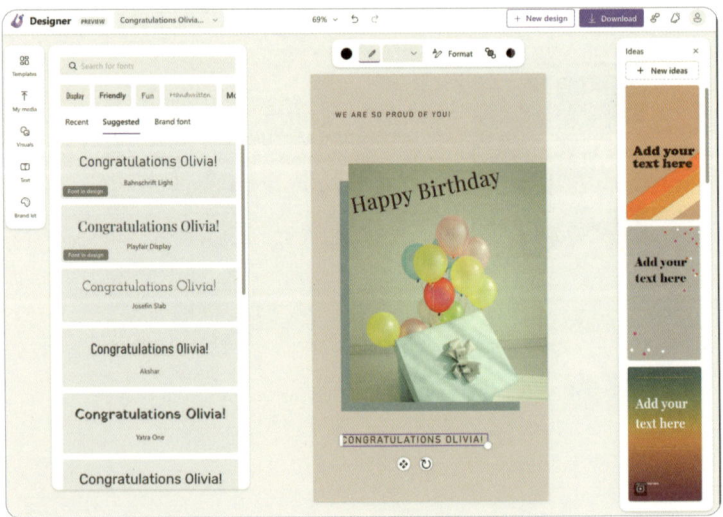

그림 4-22

그림 위에 그림을 올려놓거나 동영상을 올려놓으면 다양한 예시를 코파일럿이 만들어 줍니다.

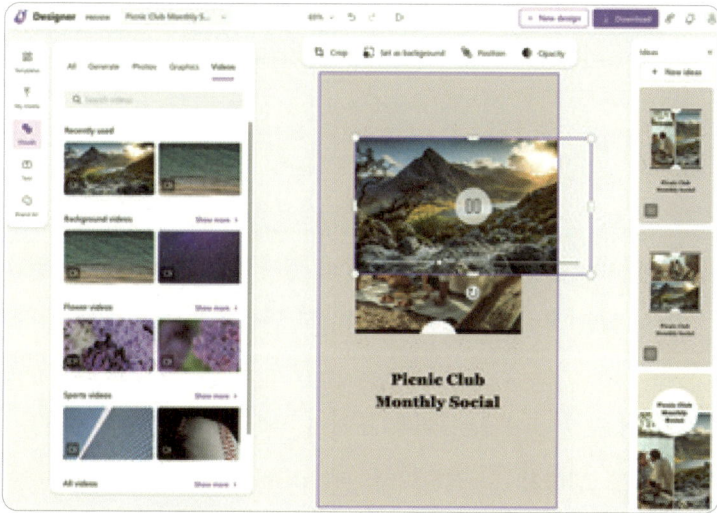

그림 4-23

MS BING-IMAGE CREATOR(크리에이터)

이미지를 만들 때 서비스가 유료이거나 사용법이 너무 어려운 경우가 있습니다. 그럴 때 MS Image Creator에서 무료로 이미지를 만들어 볼 수 있습니다. 이 생성형 이미지 AI는 오픈AI가 개발한 이미지 생성 모델인 DALL-E-2에서 제공합니다.

매주 100개의 노란 번개 모양의 부스터가 주어지는데, 이 부스터를 사용하면 이미지를 빠르게 생성할 수 있습니다. 부스터를 모두 사용한 경우에는 이미지 생성 시간이 다소 늘어날 수 있습니다. 이러한 무료 도구를 활용하여 다양한 이미지를 손쉽게 생성해 보세요.

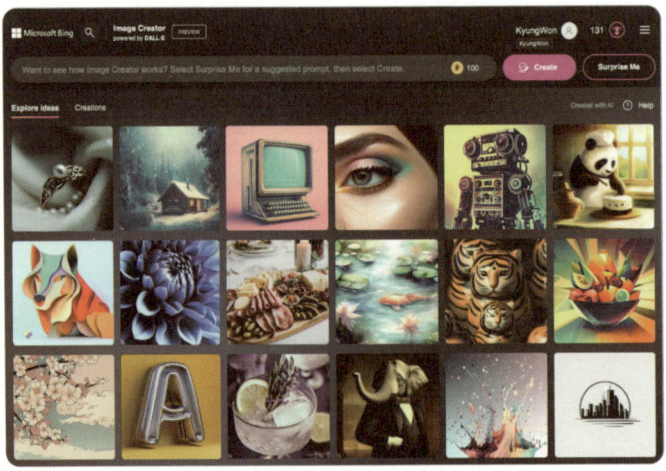

그림 4-24

간단하게 프롬프트를 입력했습니다.

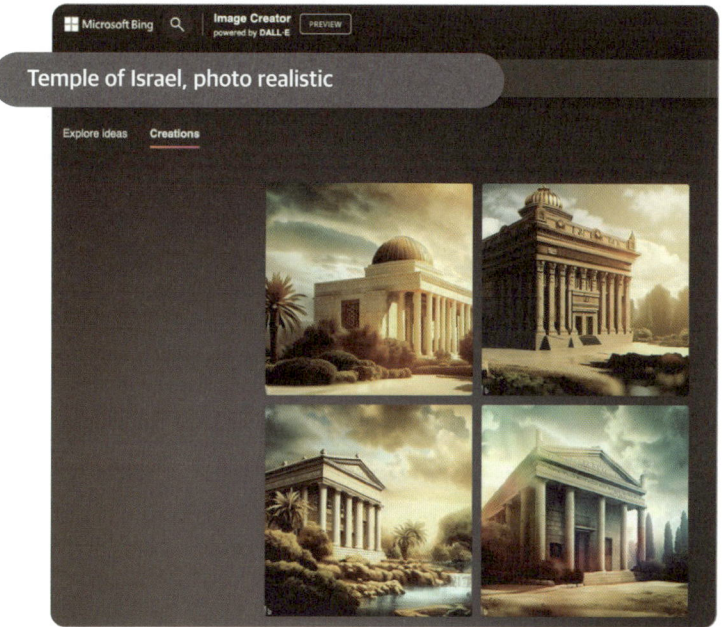

그림 4-25

네 번째 것을 누르면 1024*1024 크기의 이미지를 얻을 수 있습니다.

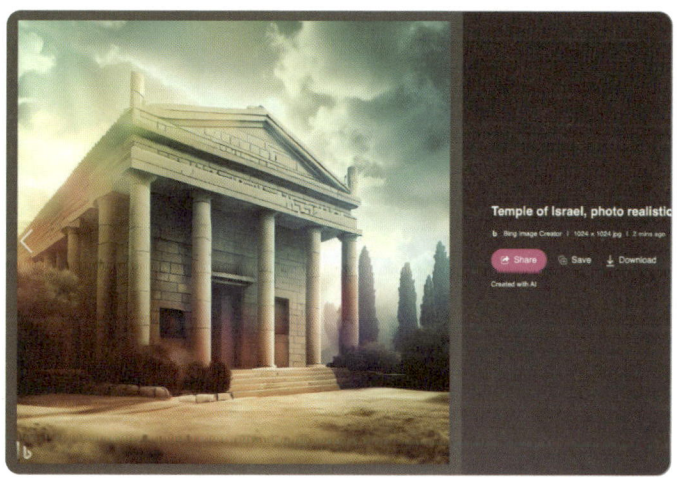

그림 4-26

AIPRM(에이아이피알엠)

더 높은 품질의 글을 작성하고 싶다면, 크롬 웹스토어에서 AIPRM을 검색해 확장 프로그램을 설치해 보세요. AIPRM은 프롬프트 작성을 패턴화하여 주제나 키워드를 입력하면 프롬프트 명령어를 대신 작성해 주는 프로그램입니다.

AIPRM을 사용하면 쉽고 빠르게 원하는 주제와 키워드에 맞춰 프롬프트를 작성할 수 있어서 글 작성에 효율적인 도움을 받을 수 있습니다. 이를 통해 시간과 노력을 절약하며 품질 높은 글을 작성하는 데 안성맞춤입니다.

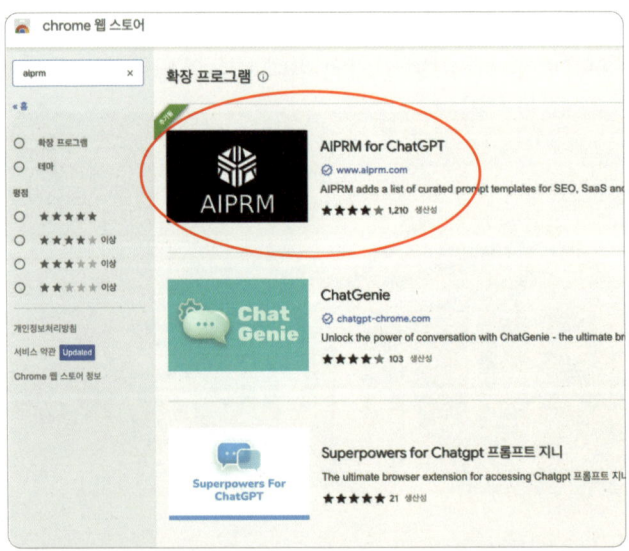

그림 4-27

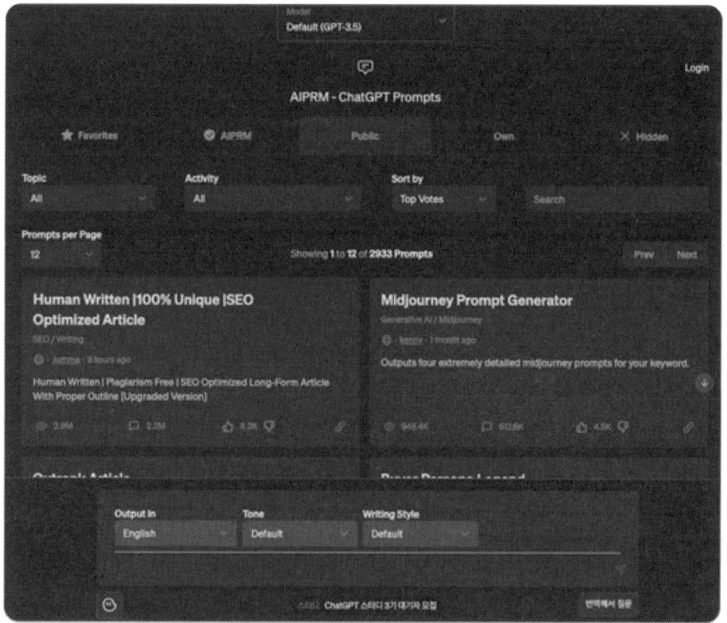

그림 4-28

왼쪽 상단의 첫 번째를 선택하면, 검색 엔진에 최적화된(SEO) 독특한 글을 작성하는 프롬프트 엔지니어를 선택한 것입니다. 오른쪽 상단 첫 번째는 미드저니 프롬프트를 아주 자세히 만들어 줍니다.

"학생들과 잘 소통할 수 있는 방법"이란 주제로 글을 작성해 보겠습니다. GPT3.5 버전인데, 성능이 우수합니다. 아래는 실제 작성 요청한 내용입니다.

> **학생들과 잘 소통할 수 있는 방법**
>
> 학생들과 잘 소통하는 것은 교육자에게 매우 중요한 기술입니다. 학생들과의 원활한 소통은 학생들의 학습 성과를 높일 수 있으며, 교육자와 학생들 간의 신뢰와 존중을 증진시킬 수 있습니다. 이 글에서는 학생들과 잘 소통할 수 있는 방법에 대해 알아보겠습니다.

1. 미리 계획을 세우세요.
교육자는 수업을 하기 전에 학생들과의 대화를 위한 계획을 세워야 합니다. 이 계획은 학생들과의 대화의 목적과 방식, 대화의 시간과 장소, 대화에서 다룰 주제 등을 포함해야 합니다. 계획을 세우는 것은 학생들과의 대화를 원활하게 하고, 학생들의 질문과 관심사를 파악하는 데도 도움이 됩니다.

2. 학생들을 이해하려 노력하세요.
교육자는 학생들의 생각과 감정을 이해하는 데 노력해야 합니다. 학생들이 어떤 문제를 겪고 있는지 파악하고, 그 문제를 해결하기 위한 방법을 제시하는 것이 중요합니다. 또한 학생들이 말하려는 바를 잘 들어주고, 질문을 통해 학생들의 생각을 자극하는 것도 중요합니다.

3. 명확하고 간결하게 말하세요.
교육자는 학생들과 대화할 때 명확하고 간결한 언어를 사용해야 합니다. 어려운 용어나 긴 문장은 학생들의 이해를 방해할 수 있습니다. 학생들이 이해할 수 있는 단어와 문장 구조를 사용하고, 중요한 내용을 강조하는 것이 좋습니다.

4. 비판적인 사고를 장려하세요.
교육자는 학생들에게 비판적인 사고를 장려해야 합니다. 학생들이 자신의 생각을 자유롭게 표현하고, 다른 사람의 의견에 대해 비판적으로 생각할 수 있도록 돕는 것이 중요합니다. 이를 위해 교육자는 학생들과의 대화에서 다양한 의견을 수용하고, 학생들이 자신의 의견을 더욱 발전시킬 수 있도록 돕는 것입니다.

~~~~~~

13. 다양한 방법을 활용하세요.
교육자는 학생들과의 대화에서 다양한 방법을 활용해야 합니다. 예를 들어 인터넷 검색을 통해 정보를 찾거나, 그림이나 도표를 활용하여 학생들에게 내용을 보여줄 수 있습니다. 또한 게임, 역할극, 논술 등을 활용하여 학생들의 참여도를 높일 수 있습니다.

14. 적시에 대응하세요.
교육자는 학생들의 질문이나 요구사항에 적시에 대응해야 합니다. 이를 통해 학생들의 불안감이나 걱정을 해소시킬 수 있고, 학습 환경을 개선할 수 있습니다. 또한 적시적인 대응은 학생들과의 관계를 더욱 증진시킬 수 있습니다.

15. 다양한 방식으로 피드백을 받으세요.
교육자는 학생들로부터 다양한 방식으로 피드백을 받아야 합니다. 학생들이 교육자에게 편하게 의견을 말할 수 있도록, 교육자는 학생들로부터 피드백을 받는 다양한 방식을 마련해야 합니다. 예를 들어 익명의 피드백지를 제공하거나, 학생들과의 개별 면담을 통해 피드백을 받는 것이 좋습니다.

결론
이러한 방법들을 통해 교육자는 학생들과의 소통을 더욱 원활하게 할 수 있습니다. 학생들과의 원활한 소통은 학생들의 학습 성과를 높이는 데 중요한 역할을 하며, 교육자와 학생들 간의 신뢰와 존중을 증진시킵니다.

[자주 묻는 질문들]

1. 대화 도중 학생들이 질문을 하면 어떻게 대처해야 할까요?
교육자는 학생들의 질문에 최대한 정확하게 대답해야 합니다. 만약 정확한 답변을 제공할 수 없는 경우에는 학생들과 함께 찾아보거나, 다음 수업 때 답변을 제공할 수 있도록 하세요.

2. 학생들이 대화에 참여하지 않는 경우 어떻게 해야 할까요?
학생들이 대화에 참여하지 않는 경우에는 그 이유를 파악해 보세요. 학생들의 관심사를 파악하고, 그에 맞는 주제를 선정하거나, 다른 방식을 마련해 학생들의 참여를 유도해 보세요.

3. 학생들이 부적절한 발언을 할 경우 어떻게 대처해야 할까요?
학생들이 부적절한 발언을 할 경우에는 그것이 왜 부적절한지에 대해 학생들에게 설명해 주어야 합니다. 또한 학생들에게 어떤 발언이 적절한지에 대해서도 알려 주어야 합니다.

마무리
교육자와 학생들 간의 원활한 소통은 학생들의 학습 성과를 높이는 데 큰 역할을 합니다. 이를 위해 교육자는 학생들과의 대화에서 다양한 방법과 기술을 활용하면서, 학생들의 의견을 적극적으로 수용하고, 그들의 관심사를 중요하게 생각해야 합니다.

[이 글의 제목]
학생들과 잘 소통할 수 있는 방법

1: 학생들과 잘 소통할 수 있는 방법
2: 왜 학생들과의 소통이 중요한가
3: 학생들과의 소통을 위한 10가지 방법
1) 학생들의 관심을 끌어보세요
2) 명확하고 간결한 언어를 사용하세요
3) 학생들의 생각에 관심을 가져주세요
4) 질문을 하세요
5) 관심을 가져주세요
6) 피드백을 제공하세요
7) 비언어적인 신호를 읽으세요
8) 학생들의 성격을 고려하세요
9) 다양한 방법을 활용하세요
10) 적시에 대응하세요

5: 자주 묻는 질문들
1: 대화 도중 학생들이 질문을 하면 어떻게 대처해야 할까요?
2: 학생들이 대화에 참여하지 않는 경우 어떻게 해야 할까요?
3: 학생들이 부적절한 발언을 할 경우 어떻게 대처해야 할까요?
4: 대화 중에 학생들이 괴로워하는 것 같은데 어떻게 대처해야 할까요?
5: 대화를 하기 전에 학생들과의 관계를 더욱 개선하고 싶은데 어떻게 해야 할까요?

프롬프트 지니

프롬프트 지니는 챗GPT에서 활용할 수 있는 편리한 확장 프로그램입니다. 사용자가 한글로 질문을 하면 영어로 번역해서 프롬프트를 넣어 주고, 챗GPT의 출력도 영어로 받은 다음 다시 한글로 번역해 줍니다.

챗GPT는 영어로 작성된 많은 문서를 학습했기 때문에, 전문적인 도메인에 대한 질문에는 영어로 물어보는 것이 더 나은 결과를 가져올 수 있습니다. 이러한 상황에서 프롬프트 지니를 사용하면, 사용자에게 번역의 번거로움 없이 편리하게 정보를 얻을 수 있습니다.

그림 4-29

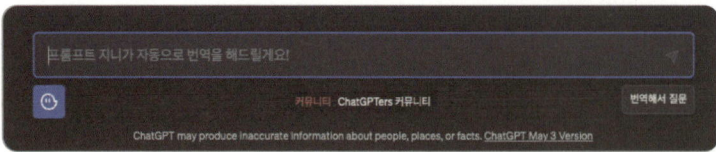

그림 4-30

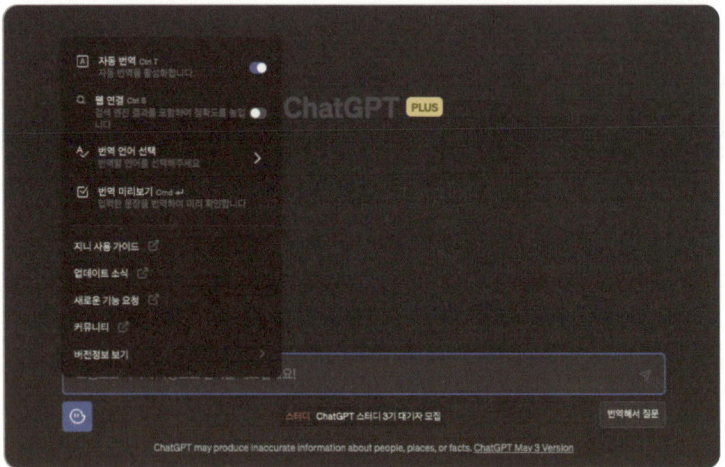

그림 4-31

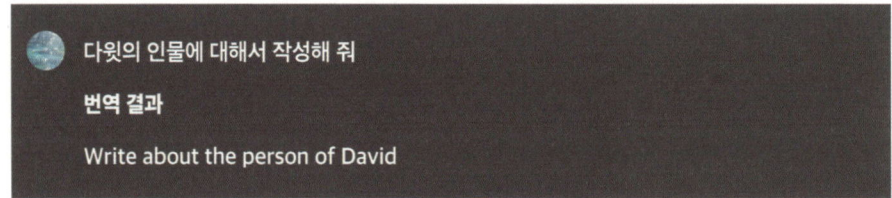

 한글로만 입력했는데, 번역 결과라고 해서 영어로 프롬프트 명령어가 입력됩니다. 챗 출력은 AIPRM 영향으로 검색최적화 SEO 기사처럼 작성이 되었습니다. 역시 동일하게 영어로 작성하고, 한글로 번역해 줍니다. 아무래도 챗GPT 학습량은 영어가 월등하게 많기 때문에, 전문적인 도메인 영역에서 사용하려면 영어로 묻고 답하는 것이 더 나은 결과를 보여줄 경우가 있습니다.

 David, King and Prophet of Judah
David is one of the most famous figures in the history of Judah. He was a king and prophet of Judah and had a profound impact on many people.

Childhood
David was born in about 1000 BC, before the time of Jesus. His father was a Jew named Jesse, and his mother was also Jewish. David was the youngest of his brothers and worked as a shepherd from a young age.

Ascension to the Throne
David was tending to his sheep in the Salt Plain when he was called by the prophet Samuel. At the time, Saul was ruling over Judah as a regent, and Samuel anointed David as the new king of Judah. David went on to win wars against Saul and became the ruler of Judah.

~~~~~~

Conclusion
David is one of the most significant figures in the history of Judah. He was a great king, prophet, and musician, who left a lasting impact on many people. His life was full of successes and failures, but his story remains a source of inspiration and wisdom for people to this day.

번역 결과

다윗, 유다의 왕이자 예언자
다윗은 유다 역사상 가장 유명한 인물 중 한 사람입니다. 그는 유다의 왕이자 예언자였으며 많은 사람들에게 깊은 영향을 미쳤습니다.

어린 시절
다윗은 예수 시대 이전인 기원전 1000년경에 태어났습니다. 그의 아버지는 이새라는 유대인이었고 그의 어머니도 유대인이었습니다. 다윗은 형들 중 막내로 어려서부터 양치기로 일했습니다.

왕좌에 오르다
다윗은 예언자 사무엘의 부름을 받았을 때 소금 평야에서 양을 돌보고 있었습니다. 당시 사울은 섭정으로 유다를 통치하고 있었고 사무엘은 다윗을 유다의 새로운 왕으로 기름 부었습니다. 다윗은 계속해서 사울과의 전쟁에서 승리하고 유다의 통치자가 되었습니다.

왕으로서의 업적
다윗은 유다 역사상 가장 위대한 왕 중 한 사람입니다. 그의 통치 기간 동안 유다는 황금기를 경험했습니다. 다윗은 예루살렘을 유다의 수도로 삼고 그곳에 성전을 지었습니다. 그는 또한 미스바와 베들레헴의 전사들로 구성된 강력한 군대를 조직하여 전쟁에서 많은 승리를 거두었습니다.

다윗은 또한 재능 있는 음악가였습니다. 그는 시편을 작곡했고 그의 음악적 능력을 칭찬받았습니다.

유명한 이야기
다윗에 관한 가장 유명한 이야기 중 하나는 밧세바와의 연애 관계입니다. 다윗은 밧세바를 몰래 훔쳐보았고, 남편 우리아를 죽음으로 몰고 가서 그녀에게 큰 고통을 안겨주었습니다. 그 결과 다윗은 하나님의 진노를 받았지만 후에 죄를 회개하고 하나님의 은총을 다시 얻었습니다.

결론
다윗은 유다 역사에서 가장 중요한 인물 중 한 사람입니다. 그는 많은 사람에게 지속적인 영향을 미친 위대한 왕이자 예언자이자 음악가였습니다. 그의 이야기는 오늘날까지도 사람들에게 영감과 지혜의 원천으로 남아 있습니다.

DEEPL(딥엘)

DeepL 번역기는 31개 언어를 지원하며 인공지능 학습을 통해 번역합니다. 파일 번역도 가능하지만, 글자 수가 많을 경우 유료로 사용해야 합니다. 딥엘은 파파고 번역기와 구글 번역기와 함께 좋은 성능을 보여주는 번역기로, 많은 사용자들이 선호합니다.

프롬프트 지니가 작동하지 않거나 스마트폰에서 사용할 때(크롬 확장 프로그램이 작동하지 않음) 등 번역기가 필요한 경우 딥엘이 좋은 대안이 됩니다. 스마트폰 앱이나 윈도우와 맥용 프로그램도 제공되어 다양한 기기에서 사용할 수 있습니다.

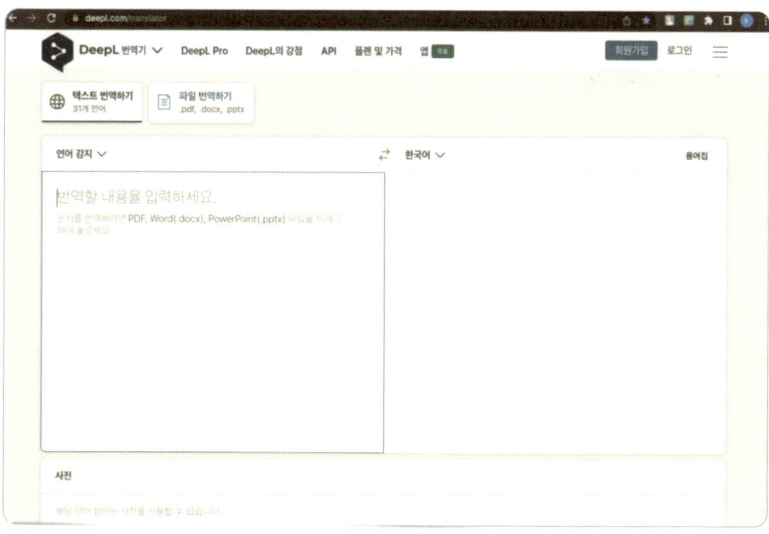

그림 4-32

PART. 5

실전 프롬프트 100+

여름성경학교 프롬프트

프롬프트
일정 작성: 성경학교 1박 2일 일정을 작성해 줄 수 있을까?

활용
여름성경학교 1박 2일 [주제 및 내용]

대상, 활동1, 활동1 [대상 및 그에 맞는 소주제]

출발, 도착, 첫째날 아침 시작, 둘째날 출발 시각 [구체적 내용의 예]

출력 양식을 표로 작성 [출력 스타일 지정]

예시
여름성경학교 1박 2일 일정

대상은 유치부 60명, 시간 관리와 일정 계획을 추천해 줘

활동: 성경 드라마, 성경 퀴즈 대회, 성경 미션 게임을 넣고 싶어

출발은 첫째날 오후 1시에 출발하고, 도착은 둘째날 오후 5시야

둘째날 아침은 8:00~9:00로 해 줘, 둘째날 13:00에 '집으로 출발'

출력 양식은 표로 해 줘

프롬프트

참가자들의 안전과 건강에 대한 안내문을 작성해 줄 수 있어?

활용

참가자들을 위한 예방 조취와 대응 전략 안내문을 만들고 싶어 [주제 및 내용]

출력 양식은 표로 작성 [출력 스타일]

문장은 공손하게 [톤 지정]

예시

참가자들의 안전과 건강을 위해

예방 조치와 대응 전략 안내문을 만들고 싶어

출력은 표 양식으로 해 주고

부모님들에게 보낼 것이기 때문에 문장은 공손하게 작성해 줘

프롬프트

질문한 내용을 표로 정리해 줘

활용

위 주제에 맞게 표로 정리해 줘 [출력 형태]

성경학교 준비하기 [제목]

항목은 주제, 키워드 [각 항목들 지정]

예시

위 주제에 맞게 테이블 표로 정리해 줘

제일 처음은 성경학교 준비하기

항목은 주제, 키워드 3개, 예시, 역사적 시대적 링크

꼭 필요한 것 중 빠진 것이나, 더 창의적이고 재미있게 하기 위한 질문을 해 줘

프롬프트

교역자의 준비 사항을 글로 작성해 줘

활용

교회 여름성경학교 기획자 역할을 할 거야 [역할 설정]

목표 및 계획 설정, 자료 수집 및 준비, 학습자 중심의 교육법 활용 [내용]

위 단락 설명을 글로 작성하고 싶어 [요청]

예시

너는 지금부터 교회 여름성경학교 기획자 역할을 할 거야

목표 및 계획 설정, 자료 수집 및 준비, 학습자 중심의 교육법 활용, 시간 관리, 꾸준한 자기 계발

위 단락 설명을 글로 쓰고 설명하고 싶어

예는 여름성경학교 준비로 작성해 줘

500자 정도로 마크다운으로 나타내 줘

프롬프트

단계별 구체 사항: 각 단계별 구체 사항을 설명해 줘

활용

목표, 성경 본문, 60명 유치부, 1박2일 캠프 [목표와 주제]

각 단계를 구체적으로 설명 [요청]

출력 방식은 마크 다운 [출력 양식]

예시

목표는 "예수님 만나기"이고 성경 본문은 요나서야

60명의 유치부를 데리고 1박 2일 캠프를 준비하고 있어

네가 말한 대로 각 단계를 구체적으로 연결해서 설명해 줘

출력 방식은 마크다운으로 해 줘

네가 위에서 제안한 대로 두 달의 일정을 큐시트로 작성해 줘

출력은 표로 작성해 줘

프롬프트

사전 준비 아이디어: 잘 준비하려면 필요한 프롬프트가 무엇일까?

활용

교회 여름성경학교 기획자 역할을 할 거야 [역할 설정]

여름성경학교 준비 [용도]

잘 준비하려면 필요한 프롬프트는? [요청]

항목은 주제, 키워드3, 예시, 역사적 시대적 링크 등등 [구체적 내용]
더 창의적이고 재미있게 하기 위한 질문은? [또 다른 질문 요청]

예시

너는 지금부터 교회 여름성경학교 기획자 역할을 할 거야
여름성경학교를 준비하고 있는데, 잘 준비하려면 필요한 프롬프트가 뭘까?
위 주제에 맞게 테이블을 표로 정리해 줘
항목은 주제, 키워드 3개, 예시, 역사적 시대적 링크 등.
꼭 필요한 것 중 빠진 것이나, 더 창의적이고 재미있게 하기 위한 질문은?

프롬프트

여름성경학교 계획: 여름성경학교 준비 글을 작성해 줘

활용

목표 및 계획 설정, 자료 수집 및 준비, 학습자 중심의 교육법 활용
시간 관리, 꾸준한 자기 계발 등 [구체적 내용의 예]
위 설명을 글고 쓰고 설명하고 싶어 주제는 여름성경학교 준비 [요청]
500자 정도로 마크 다운 [출력 양식]

예시

목표 및 계획 설정, 자료 수집 및 준비, 학습자 중심의 교육법 활용, 시간 관리, 꾸준한 자기 계발
위 설명을 글로 쓰고 설명하고 싶어

주제는 여름성경학교 준비
400자 정도로 마크다운으로 나타내 줘

프롬프트

성경퀴즈 만들기 프롬프트: 유치부 수준에 맞게 퀴즈를 작성해 줘

활용

대상은 유치부 [대상]
요나서 내용을 성경 퀴즈로 작성할 거야 [요청]
퀴즈 형식은 문장 중에서 중요한 단어 맞추기 등 [예, 스타일]
유치부 수준에 맞게 쉽게 작성해 주고
퀴즈는 네 개 이상으로 작성해 줘 [요청 구체화]

예시

대상 : 유치부
요나서 내용을 성경 퀴즈를 작성할 거야
퀴즈 형식은 성경 문장 중에서 중요한 단어 맞추기 등
유치부 수준에 맞게 쉽게 작성해 주고, 퀴즈는 네 개 이상으로 작성해 줘

프롬프트

성경 공부 아이디어: 성경 공부 교재 아이디어를 얻고 싶어

활용

대상은 유치부. 한 반 6명 [대상]
요나서 내용으로 성경 공부 교재 아이디어를 얻고 싶어 [요청]
세 가지 정도 아이디어를 추천해 주고 [구체적 내용의 예]
쉽게 설명하는 표로 작성해 줘 [출력 양식]
스타일은 친절한 주일학교 선생님 [출력 스타일]

예시

요나서 내용으로 성경 공부 교재 아이디어를 얻고 싶어
대상은 역시 유치부야. 한 반 6명
세 가지 정도 아이디어를 추천해 주고
쉽게 설명한 표로 작성해 줘
스타일은 친절한 주일학교 선생님이야

프롬프트

성경 공부 시뮬레이션: 네가 유치부 학생이 되어서 대답하는 과정을 만들어 줘

활용

요나의 도망, 니느웨로 가는 사명, 하나님의 사랑 [내용]
이 세 가지로 이야기하는 대화문을 만들어 줘 [요청]

네가 유치부 학생이 되어서 대답해 주고
그 과정을 만들어 줘 [구체적 내용, 역할]

예시

요나의 도망, 니느웨로 가는 사명, 하나님의 사랑
이 세 가지로 실제 함께 이야기 하는 대화문을 만들고 싶어
네가 유치부 학생이 되어서 대답해 주고, 그 과정을 만들어 줘

프롬프트

성경 드라마 장면 구성: 연극 대본과 같이 드라마 장면을 만들어 줘

활용

대상은 유치부. 한 반 6명 [대상]
'성경 드라마'를 짧은 연극 대본 형식으로 작성해 줘 [요청]
내용은 "요나와 큰 물고기 이야기" [구체적 내용의 예]
강조점은 '소통과 협업'이야 [강조할 사항]
분량은 5분, 연극 대본으로 [출력 양식]
교훈, 감동, 따뜻한 이야기 톤 [출력 스타일]

예시

대상: 유치부 아이들, 한 반 6명 기준
'성경 드라마'를 짧은 연극 대본 형식으로 작성해 줘
내용은 '요나와 큰 물고기이야기'가 좋겠어

재미의 요소가 있으면 좋겠고, 반전의 효과를 넣어 주면 더 좋겠지
교훈을 감동적이고, 따뜻한 이야기 톤으로 작성해 주면 좋겠어
강조점은 '소통과 협업'이야. 분량은 5분 분량의 연극 대본으로 해 줘

프롬프트

성경 스토리텔링: 팀 세 명에 맞는 스토리텔링 대본을 작성해 줘

활용

너는 스토리텔링 작가 역할을 할거야 [역할 지정]
마태복음 25장(달라트 비유)을 내용으로 [내용]
팀별로 내용을 전달하는 소통 능력 키우기를 할 거고 [내용의 예]
팀원 세 명에 맞도록 스토리텔링 대본을 작성해 줘 [요청]

예시

너는 지금부터 스토리텔링 작가 역할을 할 거야
마태복음 25장에 나오는 달란트 비유를 내용으로
팀별로 성경 이야기를 공부하여 그 내용을 다른 팀원들에게 전달하고,
이를 통해 소통 능력을 키우도록 할 거야
팀원 세 명에 맞도록 각자에 맞는 스토리텔링 대본을 작성해 줘

프롬프트

팀워크 향상 게임: 팀빌딩 게임 실제 구현의 예를 작성해 줘

활용

팀빌딩 게임 [내용]

실제 구현해 줘 [요청]

내 질문을 제대로 이해하지 못했다면 다시 질문해 줘 [구체적 요청]

예시

팀빌딩 게임: 다양한 팀빌딩 게임을 통해 학생들의 팀워크 및 의사소통 기술을 향상시킵니다. 예를 들어 문제 해결 게임이나 임무 중심 게임을 사용할 수 있습니다.

위에서 언급한 내용이 나와서 말인데, 실제 구현 예를 작성할 수 있어?

내 질문을 제대로 이해하지 못했다면 다시 질문해 줘

게임 "Minefield Team building"의 스크립트를 작성할 수 있을까?

심방을 위한 프롬프트

프롬프트

심방 계획 프로세스를 작성해 줘

활용

중학생 남자 [대상]

목표는 의사사통 [목표나 주제]

심방 계획 프로세스를 작성해 줘 [요청]

예시

우리 반은 중학생 남자 아이들 6명으로 구성되어 있어

목표는 의사소통이고, 심방 계획 프로세스를 작성해 줘

프롬프트

학생 개별 맞춤 심방 프롬프트를 작성하고 싶어

활용

너는 지금부터 주일학교 중등부 교사 역할을 할 거야 [역할 지정]

학생 개별 맞춤 심방 프롬프트를 작성하고 싶어 [용도]

참고할 만한 것이 무엇이 있을까? [용도 및 요청]

예를 들어 MBTI for children 과 같은 성격 유형 [구체적 내용의 예]

예시

너는 지금부터 주일학교 중고등부 교사 역할을 할 거야

학생 개별 맞춤 심방 프롬프트를 작성하고 싶어

참고할 만한 것이 무엇이 있을까?

예를 들어 MBTI for children 과 같은 성격 유형

프롬프트

대화 시뮬레이션을 작성해 줘

활용

아이들 심방 [용도]

참고할 수 있는 유형, 실제, 예 [요청1]

주의 사항 [요청2]

실제 대화 시뮬레이션을 작성해 줘 [요청3]

예시

아이들을 심방할 때 참고할 수 있는 MBTI for Children 유형의 실제를 예를 들어 알려 주고 [output.]

심방할 때 주의해야 하는 사항을 알려 주고 [output.]

실제 대화 시뮬레이션을 작성해 줘

프롬프트
성격 유형에 맞는 대화 시뮬레이션을 작성해 줘

활용
INFP 학생에게 [대상]
성경 인물 프로필 적용 [주제 및 내용]
대화 시뮬레이션 [요청]
학생 이름 멋쟁이 [요청- 구체적 내용]

예시
MBTI 성격 유형이 INFP인 학생에게, 성경 인물 프로필을 적용해서 대화를 나누는 시뮬레이션을 작성하고, 학생 이름은 멋쟁이로 해 줘

프롬프트
소통하기 어려운 아이와 소통할 수 있는 좋은 방법을 알려 줘

활용
중학생 남자 [대상]
혼자 외톨이, 스마트폰 집중, 몇 마디

기계에 관심을 보인다. 부모님은… [대상 구체적 설명]
이 아이를 심방할 때 소통할 수 있는 방법 [요청]

예시

중학생 남자아이야
교회에서 혼자 외톨이로 사람들과 떨어져서 주로 스마트폰을 가지고 놀아
또래들이 적극적으로 이야기를 붙일때 몇 마디 하는 것이 전부야
가끔 방송장비 등 기계에 관심을 보인다 할까?
부모님은 교회의 신실한 집사님 부부이고, 별로 문제가 없어 보여
이 아이를 심방할때 소통할 수 있는 좋은 방법을 알려 줘

프롬프트

건전한 이성교제에 대한 상담 방법을 알려 줘

활용

INFP 학생에게 [대상]
ENTJ 여자 학생에게 관심 [대상의 관심]
건전한 좋은 친구 될수록 조언 [요청]

예시

MBTI 성격 유형이 INFP인 남자 학생에게, ENTJ 여자 학생에게 관심을 가지고 있어. 건전하게 잘 서로 좋은 친구가 될 수 있도록 하기 위한 조언을 해 주고 싶어.

프롬프트

강점을 파악할 수 있는 질문과 성경 인물과 연결시켜 설명할 수 있는 예를 알려 줘

활용

강점 기반 접근 방식으로 심방할 계획 [용도]
아이들의 강점을 쉽게 파악할 수 있는 질문 다섯 가지를 알려 주고 [요청1]
이를 통해 성경 인물과 연결 설명의 예를 들어 줘 [요청2]

예시

강점 기반 접근 방식을 사용해서 심방을 할 계획이야
아이들의 강점을 쉽게 파악할 수 있는 질문 5가지를 알려 주고 [output.]
이를 통해 성경 인물과 연결시켜 설명할 수 있는 예를 알려 줘

기타 심방을 위한 프롬프트 예시

"어려움을 겪고 있는 친구에게 위로의 말을 전하려면 어떤 성경 구절을 공유해야 할까요?"

"건강 문제로 고생하는 친구를 위한 기도 문을 작성해 주세요."

"왕따를 경험한 친구에게 희망을 전하는 성경의 메시지는 무엇인가요?"

"어린이들을 위한 MBTI 테스트를 통해 각 아이의 성격 유형을 분석해서 작성해 주세요."

"각 아이의 성격 유형에 따른 성경 이야기를 공유하며, 그들의 성격과 관련된 교훈을 작성해 주세요."

"성격 유형별로 어린이들과 함께 기도하는 방법을 알려 주세요."

"성격 유형에 따라 어린이들에게 맞춤형 심방 활동을 계획과 진행을 예를 들어 설명해 주세요."

"어린이들의 성격 유형에 따른 친구 사귀기와 화목한 관계 유지하는 방법을 작성해 주세요."

"각 성격 유형의 어린이들이 하나님과의 관계에서 어떤 도움을 받을 수 있는지 알려 주세요."

"어린이들의 성격 유형에 따른 성경 인물과 연결해 보고, 그 인물의 삶에서 배울 수 있는 교훈을 찾아 주세요."

"각 성격 유형의 어린이들에게 적합한 섬김 방법을 함께 찾아보고, 그들의 잠재력을 발휘할 수 있는 기회를 구체적으로 알려 주세요."

"성격 유형별로 어린이들이 겪을 수 있는 고민을 함께 나누며, 기독교적 가치관으로 그 문제를 해결할 수 있는 방법을 찾아 주세요."

"어린이들의 성격 유형에 따라 성경 공부 방법을 탐색하고, 그들이 성경을 이해하고 적용할 수 있는 방법을 알려 주세요."

글 작성을 위한 프롬프트

"바울의 변화를 묘사하는 짧은 에세이를 작성해 주세요."

"예수님의 삶에 영감을 받아 삶이 긍정적으로 변한 이야기를 작성해 주세요."

"기독교의 가르침을 바탕으로 한 인생의 목표를 작성해 주세요."

"기도 생활에 대한 에세이를 작성해 주세요."

"하나님의 사랑이 당신의 삶에 어떤 영향을 미쳤는지를 서술해 주세요."

"당신이 경험한 기적에 대한 이야기를 공유해 주세요."

"기독교 가치관이 일상생활에 어떻게 적용되는지 서술해 주세요."

"성경 구절 중 가장 인상 깊었던 구절과 그 이유를 설명해 주세요."

"기독교 청년들이 현대 사회에서 마주하는 도전과 이를 극복하는 방법에 대해 작성해 주세요."

"당신이 회개를 결심한 순간과 그 이후 변화된 삶에 대해 이야기해 주세요."

"예수님의 가르침 중 하나를 선택하여 그 가르침이 당신의 삶에 어떤 영향을 미쳤는지 서술해 주세요."

"하나님이 당신에게 어떤 역할을 부여했으며, 그 역할을 수행하는 과정에서 겪은 경험을 공유해 주세요."

"당신의 기독교 커뮤니티가 어떻게 당신의 신앙 성장에 도움이 되었는지를 설명해 주세요."

성경 읽기를 위한 프롬프트

"성경을 일상적으로 읽기 시작할 때, 어느 부분을 먼저 읽어보면 좋을까요? 그 이유는 무엇인가요?"

"고린도전서를 읽을 때 주의해야 할 중요한 포인트는 무엇인가요?"

"예레미야서에서 가장 감동적인 구절은 무엇이며, 그것이 당신에게 어떤 의미를 갖나요?"

"요한계시록을 이해하기 위해 어떤 배경 지식이 필요한지 알려 주세요."

"어떤 인물의 이야기가 가장 인상 깊었나요? 그 이유는 무엇인가요?"

"성경 속 이야기 중 어떤 이야기가 당신의 삶에 큰 변화를 가져왔나요? 그 이유는 무엇인가요?"

"로마서를 읽을 때는 어떤 주제를 가장 중요하게 다루어야 하는지 설명해 주세요."

"사도 바울의 편지 중에서 어떤 편지가 가장 마음에 와닿았나요? 그 이유는 무엇인가요?"

"갈라디아서를 통해 배울 수 있는 주요 교훈은 무엇인가요?"

"창세기를 읽으면서 어떤 에피소드가 가장 인상 깊게 남았나요? 그 이유는 무엇인가요?"

성경 공부를 위한 프롬프트

"다윗과 골리앗의 이야기를 통해 우리가 배울 수 있는 교훈은 무엇인가요?"

"예수님께서 행한 기적 중 하나를 세부적으로 설명해 주세요."

"요한계시록의 의미와 중요성에 대해 설명해 주세요."

"오늘 읽은 성경 구절 중 하나를 선택하고, 그 구절의 의미와 적용 방법을 고찰해 보세요."

"다윗과 골리앗의 이야기를 통해 배울 수 있는 교훈은 무엇인지 작성해 주세요."

"예수님이 바다 위를 걷는 이야기를 통해 믿음에 대해 어떻게 생각하게 되었는지 설명해 주세요."

"요나와 큰 물고기의 이야기에서 하나님의 자비와 용서에 대해 어떻게 이해할 수 있는지 서술해 주세요."

"에베소서 2장 8-9절을 통해 구원에 대한 설명해 주세요."

"성경에서 예수님의 비유 중 하나를 선택하여 그 비유가 당신의 삶에 어떤 영향을 미쳤는지 작성해 주세요."

"사도행전을 통해 초기 기독교 회중의 삶과 믿음에 대해 어떻게 생각하게 되었는지 서술해 주세요."

"예수님께서 마지막 만찬에서 말씀하신 가르침에 대해 설명해 주세요."

"성경을 통해 하나님의 성품과 성격에 대해 어떻게 이해할 수 있는지 작성해 주세요."

"갈라디아서 5장 22-23절의 성령의 열매에 대해 설명해 주고 적용 방안을 작성해 주세요."

각 연령에 맞는 역할극 프롬프트

"10세 어린이들을 위한 노아의 방주를 주제로 한 역할극 시나리오를 만들어 주세요."

"청소년들이 연극으로 재현할 수 있는 삼위일체의 개념을 설명하는 시나리오를 만들어 주세요."

"성인들이 참여할 수 있는 성찬식에 대한 역할극 시나리오를 작성해 주세요."

"유치부를 위한 노아의 방주 이야기를 바탕으로 한 역할극을 만들어 주세요"

"초등학생들을 위해 다윗과 골리앗의 대결을 연극으로 적용해 보세요."

"중학생들이 예수님과 제자들의 당시 일상을 연출할 수 있는 역할극을 작성해 주세요."

"고등학생들을 위한 사도 바울의 회심과 선교 여정을 표현하는 역할극을 만들어 주세요"

"각 연령에 맞는 역할극을 통해 성경 속 용서와 사랑의 가르침을 전달하는 데 초점을 맞춰 작성해 주세요."

성경 동화를 위한 프롬프트

아담과 하와의 창조

"하나님이 아담과 하와를 창조하신 이유와 에덴 동산에서 그들의 삶을 동화로 만들어 주세요."

노아의 방주

"하나님이 노아에게 방주를 만들라는 명령을 내리고, 노아가 방주를 만들고 동물들을 데리고 홍수를 피하는 이야기를 동화로 만들어 주세요."

아브라함과 사라

"하나님이 아브라함과 사라에게 약속을 주시고 그들이 이 약속을 믿고 따르는 이야기를 동화로 만들어 주세요."

요셉의 꿈 해몽

"요셉이 꿈을 해몽하며 겪는 시련과 마침내 그의 꿈이 이루어지는 이야기를 동화로 만들어 주세요."

모세와 이집트 탈출

"하나님이 모세를 통해 이스라엘 백성을 이집트에서 구출하는 이야기를 동화로 만들어 주세요."

다윗과 골리앗

"다윗이 작은 목동에서 왕이 되기까지 겪은 시련 중 다윗이 골리앗을 이기는 이야기를 동화로 만들어 주세요."

다니엘과 사자굴

"다니엘이 왕의 명령에 따르지 않고 하나님께 기도하다가 사자굴에 던져지고, 기적적으로 구원받는 이야기를 동화로 만들어 주세요."

요나와 큰 물고기

"하나님이 요나에게 선포하라는 명령을 내리지만 요나가 도망하다가 큰 물고기에게 삼켜지고, 결국 전하러 가게 되는 이야기를 동화로 만들어 주세요."

예수의 탄생

"마리아와 요셉이 베들레헴에서 예수님이 태어나시는 기적적인 이야기를 동화로 만들어 주세요."

예수의 부활

"예수님의 부활과 승천 후 사도들이 성령을 받고 기적을 행하며 복음을 전하는 이야기를 동화로 만들어 주세요."

주일학교 및 계획 작성을 위한 프롬프트

"주일학교에서 진행할 특별한 행사를 계획하고 그 내용을 설명해 주세요."

"일주일 동안의 성경 공부 계획을 세우고, 어떤 주제와 구절을 공부할 것인지 작성해 주세요."

"교회의 선교 활동을 위한 세부 계획과 예산을 작성해 주세요."

"기도 생활을 개선하기 위한 계획을 작성해 주시고, 어떤 방법으로 기도 시간을 늘릴 것인지 예를 들어 설명해 주세요."

"교회 청년부를 위한 월간 활동 계획을 작성해 주세요."

"건강을 챙기기 위한 운동 계획과 식단을 작성해 주세요."

"교회에서 후원하는 사회복지 기관을 돕기 위한 봉사 계획을 작성해 주세요."

"새로운 교회 건물을 지으려면 어떤 계획과 절차가 필요한지 설명해 주세요."

"기독교인으로서 올해의 신앙 성장 계획을 작성해 주세요. 어떤 방법으로 믿음을 키울 것인지 예를 들어 설명해 주세요."

기독교 가르침을 위한 프롬프트

"은혜에 대해 설명해 주세요. 기독교에서 은혜의 의미와 중요성은 무엇인가요?"

"사랑에 관한 기독교 가르침을 설명해 주세요. 어떻게 이웃과 자신을 사랑해야 하나요?"

"기독교에서 용서의 중요성을 설명해 주세요. 용서를 통해 어떤 변화가 일어나나요?"

"예수님의 역사와 왜 인류를 구원하러 오셨는지 설명해 주세요."

"성령이란 누구시며, 그 역할과 기독교인의 삶에서 어떤 영향을 미치나요?"

"예수님의 비유를 통해 전해지는 가르침 중 하나를 선택하고 그 의미를 설명해 주세요."

"기독교에서 기도의 역할과 중요성을 설명해 주세요. 어떻게 기도를 통해 믿음이 성장하나요?"

"창세기의 아담과 하와의 이야기를 통해 배울 수 있는 교훈과 가르침은 무엇인가요?"

"예수님의 삶을 통한 겸손함과 자비에 관한 가르침을 설명해 주세요."

"사도 바울의 삶과 그가 전한 기독교 가르침 중 중요한 내용을 설명해 주세요."

기도문을 위한 프롬프트

"아침 기도를 위한 간단한 기도문을 작성해 주세요."

"새로운 일을 시작하기 전에 기도하는 기도문을 작성해 주세요."

"어려운 상황 속에서 힘을 얻기 위한 기도문을 작성해 주세요."

"감사의 말씀을 전하는 저녁 기도문을 작성해 주세요."

"베풀기와 나눔을 실천하는 기도문을 작성해 주세요."

"친구나 가족의 회복을 기원하는 기도문을 작성해 주세요."

"자녀를 위해 기도하는 부모의 기도문을 작성해 주세요."

"교회와 지역 사회를 위한 기도문을 작성해 주세요."

"세계 평화와 환경 보호를 위한 기도문을 작성해 주세요."

"자기 성찰과 개선을 위한 기도문을 작성해 주세요."

창조론을 위한 프롬프트

"창세기 1장에서 우리가 배울 수 있는 창조의 원리는 무엇인가요?"

"기독교 창조론의 핵심 가르침은 무엇인가요?"

"창조론과 진화론 사이의 기본적인 차이점을 설명해 주세요."

"성경에서 창조론을 뒷받침하는 주요 구절은 어떤 것들이 있나요?"

"창조론을 이해하는 데 중요한 성경적 원리들은 무엇인가요?"

"과학과 창조론 사이의 갈등을 해결하는 방법은 무엇이라고 생각하나요?"

"기독교 창조론의 역사와 그 변화에 대해 설명해 주세요."

"지적 설계론과 창조론의 차이점과 공통점을 비교해 주세요."

"유전학과 창조론 사이의 관계를 어떻게 설명할 수 있나요?"

"창조론에 대한 대중적 오해와 신화는 무엇이 있나요? 그것들을 어떻게 해명할 수 있을까요?"

"성경에 나오는 창조 이야기와 다른 종교의 창조 이야기를 비교해 보세요."

"청년들에게 창조론을 설명하고 그 중요성을 전달하는 방법은 무엇일까요?"

챗GPT
주일학교는
어떻게 사용할까?

챗GPT

주

1) https://zdnet.co.kr/view/?no=20230203153950
2) 구글은 2023년 2월 6일에 AI 챗봇 'Bard'를 발표했다.
3) https://www.asiae.co.kr/article/2023080109193110964
4) https://yunwoong.tistory.com/184?category=902341
5) https://www.mcteambuilding.com/minefield-team-building-games
6) https://zdnet.co.kr/view/?no=20230403135514
7) https://www.youtube.com/watch?v=S7xTBa93TX8

사명선언문

너희가 흠이 없고 순전하여……세상에서 그들 가운데 빛들로
나타내며 생명의 말씀을 밝혀 _ 빌 2:15-16

1. 생명을 담겠습니다
만드는 책에 주님 주신 생명을 담겠습니다.
그 책으로 복음을 선포하겠습니다.

2. 말씀을 밝히겠습니다
생명의 근본은 말씀입니다.
말씀을 밝혀 성도와 교회의 성장을 돕겠습니다.

3. 빛이 되겠습니다
시대와 영혼의 어두움을 밝혀 주님 앞으로 이끄는
빛이 되는 책을 만들겠습니다.

4. 순전히 행하겠습니다
책을 만들고 전하는 일과 경영하는 일에 부끄러움이 없는
정직함으로 행하겠습니다.

5. 끝까지 전파하겠습니다
모든 사람에게, 땅 끝까지, 주님 오시는 그날까지
복음을 전하는 사명을 다하겠습니다.

서점 안내

광화문점 서울시 종로구 새문안로 69 구세군회관 1층
02)737-2288 / 02)737-4623(F)

강남점 서울시 서초구 신반포로 177 반포쇼핑타운 3동 2층
02)595-1211 / 02)595-3549(F)

구로점 서울시 동작구 시흥대로 602, 3층 302호
02)858-8744 / 02)838-0653(F)

노원점 서울시 노원구 동일로 1366 삼봉빌딩 지하 1층
02)938-7979 / 02)3391-6169(F)

일산점 경기도 고양시 일산서구 중앙로 1391 레이크타운 지하 1층
031)916-8787 / 031)916-8788(F)

의정부점 경기도 의정부시 청사로47번길 12 성산타워 3층
031)845-0600 / 031)852-6930(F)

인터넷서점 www.lifebook.co.kr